배우에 관한 역설

▲

배우에 관한 역설

드니 디드로

주미사 옮김

▲

문학과지성사

옮긴이 주미사

서울대학교 불어불문학과를 졸업하고 같은 과 대학원에서 디드로 연구
로 박사 학위를 받았다. 서울대학교와 동덕여자대학교 등에서 가르쳤
고 공저로 『프랑스 하나 그리고 여럿』 『열린 사고 창의적 표현』을 썼
다. 옮긴 책으로 『여성에 대하여』 『영화 분석 입문』과 수 편의 현대 프
랑스 동화들이 있다.

문지 스펙트럼 세계 사상

배우에 관한 역설

제1판 제1쇄   2001년 10월 9일
제1판 제5쇄   2017년 5월 25일
제2판 제1쇄   2021년 4월 16일
제2판 제2쇄   2024년 3월 8일

지은이   드니 디드로
옮긴이   주미사
펴낸이   이광호
주간   이근혜
편집   홍근철 박지현
펴낸곳   ㈜문학과지성사
등록번호   제1993-000098호
주소   04034 서울 마포구 잔다리로7길 18 (서교동 377-20)
전화   02) 338-7224
팩스   02) 323-4180(편집) 02) 338-7221(영업)
전자우편   moonji@moonji.com
홈페이지   www.moonji.com

ISBN 978-89-320-3830-8 03160

차례

일러두기

1. 이 책은 Denis Diderot의 *Œuvres esthétiques*(Garnier, 1968)와 *Paradoxe sur le comédien*(Armand Colin, 1992)을 저본으로 하되, *Œuvres esthétique-Théâtre*(Robert Laffont, 1996)를 참조해 우리말로 옮긴 것이다.

2. 인명, 지명 등 고유명사의 외래어 표기는 국립국어원 외래어 표기법에 따랐다.

3. 이 책의 각주는 여러 판본을 토대로 옮긴이가 선별하여 새로 써 넣은 것이다.

1[1]: 그것에 대해서는 더 말하지 않기로 하죠.

2 : 왜요?

1 : 당신 친구의 작품이니까.[2]

2 : 그게 뭐가 중요하죠?

1 : 많이 중요하죠. 당신 친구의 재능을 별수 없다 여기든지, 저의 판단이 잘못되었다는 걸 확인하든지 둘 중 하나를 택하게 해서, 당신이 그 사람이나 저한테 품고 있던 호감을 거둬들이게 하는 일이 대체 무슨 소용이 있을까요?

---

1 디드로의 여러 텍스트들처럼 이 글도 두 사람의 대화 형식을 취하고 있다. 1과 2는 각각 두 사람의 대화 상대자를 지칭한다.
2 이는 『개릭 혹은 영국 배우들, 극예술과 공연 예술, 배우들의 연기에 대한 성찰이 담긴 책』을 가리키는 것으로, 배우였던 안토니오 스티코티가 1769년 파리 라콩브 출판사에서 영어본을 번역해서 낸 책이다. 하지만 번역은 거짓이고, 사실은 1747년에 피에르 레몽 드 생트알빈의 『배우』라는 책을 표절한 것인데, 디드로는 『문학 통신』에 이에 대한 서평을 1770년 10월 15일과 11월 1일 두 번에 걸쳐 실었다. 이것은 『배우에 관한 역설』의 간략한 초고가 되며, 이후 네 번에 걸쳐 확장된다.

2 : 그런 일은 일어나지 않을 겁니다. 설사 그렇다 해도, 두 사람에 대한 제 우정은 더 본질적인 것들에 기초하고 있기 때문에 그런 일로 동요되진 않을 거고요.

1 : 그럴 수도 있겠네요.

2 : 물론이죠. 그런데 이런 당신이 지금 누구를 연상시키는지 아세요? 제가 아는 한 작가가 생각나는군요. 그 사람은 자기가 쓴 작품을 공연하는 첫날, 가깝게 지내던 한 여성에게 제발 오지 말라고 무릎 꿇고 빌기까지 했어요.

1 : 그 작가는 겸손하고 신중했던 거죠.

2 : 그는 그 여자가 자기한테 품고 있는 애정 섞인 감정이 그의 문학적 재능에 대한 견해에도 영향을 미칠까 봐 두려워했던 겁니다.

1 : 그럴 수도 있었겠네요.

2 : 혹은 공공연히 실패하면 애인이 자기를 낮춰 보게 될까 봐 두려웠던 거고요.

1 : 좋은 평가를 받지 못하면 사랑도 줄어들까 걱정하는 것, 그게 우스꽝스러워 보이나요?

2 : 사람들의 평가라는 게 다 그런 식이죠. 박스석이 꽉 들어차고 큰 성공을 거두었을 때, 그는 키스 세례를 당하고 축하받고 갖가지 기분 좋은 소리를 들었겠지요.[3]

1 : 야유받은 공연 뒤에는 아마 더 그랬을걸요.

2 : 그렇겠네요.

1 : 아무튼 저는 제 생각을 바꾸지 않겠습니다.

2 : 그렇게 하세요. 하지만 제가 여자는 아니잖아요? 진짜 속마음이 뭔지 보여주셔야 합니다, 제발.

1 : 꼭?

2 : 꼭.

1 : 차라리 제가 어떻게 생각하는지 말하지 않는 것이 속이는 것보다는 쉽겠는걸요.

2 : 그렇긴 하죠.

1 : 아마 전 가차 없을 텐데요.

2 : 그게 바로 제 친구가 당신한테 원하는 바일 겁니다.

1 : 거참, 자꾸 말해야 한다고 밀어붙이니 말하지요. 그 사람 글은 부자연스럽고 애매모호하고 비비 꼬이고 부풀려진 문체로 씌어 있는 데다가 거기 담긴 사상도 시시하기 이를 데 없습니다. 훌륭한 배우든 보잘것없는 배우든 그것을 읽었다고 해서 더 나아질 건 없을 것 같군요. 배우한테 천부적 자질과 용모, 목소리, 판단력, 섬세함 등을 주는 것이 자연이라면, 자연이 준 재능을 완성시키는 것은 위대한 전범典範들에 대한 연구, 인간의 마음과 사회의 관례에 대한 지식,

---

3 이것은 아마도 디드로의 「가장*Père de famille*」이 1769년 8월 9일 코메디 프랑세즈에서 상연되었을 당시 디드로와 짧은 연애에 빠져 있던 모Maux 부인 사이에 실제 있었던 일로 추정된다.

꾸준한 노력, 경험, 연극에 대한 익숙함 등입니다. 적당히 모방하는 배우는 모든 것을 그저 무난하게 해낼 수 있습니다만, 그런 연기에는 칭찬할 점도 비난할 점도 없을 거예요.

2: 아니면 모든 것이 비난거리겠지요.

1: 좋으실 대로 생각하세요. 하지만 자연 그대로의 배우는 대부분 가증스럽고, 아주 드물게만 탁월합니다. 무슨 장르가 되었든 고만고만한 평범함은 무시하세요. 신인일 때 혹평을 받아야 오히려 나중에 성공하기 쉬워요. 야유는 오로지 바보들만 질식시킬 뿐이지요. 어떻게 기교 없는 자연이 위대한 배우를 만들겠습니까? 무대에서는 자연에서와 똑같이 일어나는 일이란 없어요, 극시들은 모두 법칙들의 체계에 따라 구성되는 법이죠. 또한 똑같은 역할이라 해도 두 배우가 어떻게 똑같이 연기하겠어요? 가장 분명하고 확실하고 정력적인 작가에게서도 단어들은 다 똑같은 생각과 똑같은 느낌, 똑같은 관념의 기호들로 환원되지 않으며 또 그럴 수도 없습니다. 움직임과 몸짓과 어조와 표정과 눈빛과 주어진 상황들은 각각의 기호들이 갖고 있는 가치들을 보완합니다.[4] 이런 말을 들어보셨다면,

　　　당신 손으로 무얼 하시는 거죠?

---

4 이런 생각은 고대 성 아우구스티누스(354~430)에게서도 볼 수 있다.

— 부인의 옷을 만져보고 있어요. 옷감이 부드럽네요.[5]

이게 무슨 소린지 알겠나요? 전혀 모르겠지요. 그다음에 이어지는 것을 잘 헤아려보세요. 두 대화 상대자가 똑같은 표현들을 사용하면서, 실은 전혀 다른 것들을 생각하고 말하는 경우가 얼마나 쉽고 흔한지 생각해보세요. 매우 놀랍겠지만, 바로 당신 친구의 작품을 그 예로 들어보지요. 이에 대해 프랑스 배우한테 어떻게 생각하는지를 물어보세요. 그모든 것이 옳다고 인정할 겁니다. 똑같은 걸 영국 배우한테 물어보세요. 그는 "그럼요"라면서 바꿀 말이 하나도 없고, 무대의 순수한 복음과도 같다고 단언할 겁니다. 하지만 영국과 프랑스 사이에는 희극과 비극을 쓰는 방법에 공통점이 거의 하나도 없습니다. 또 개릭이 느낀 것처럼 셰익스피어의 무대를 완벽하게 창조해낼 줄 아는 사람이라 하더라도, 라신[6] 무대의 낭독법에 대해서는 가장 기본적인 억양에서조

5 몰리에르(1622~1673), 「타르튀프(위선자)」, 3막 3장, 916~917행. 몰리에르는 17세기 프랑스 희극 작가다. 주요 작품으로는 「우스꽝스러운 재녀들」「아내들의 학교」「타르튀프」「동 주앙」「인간 혐오자」「본의 아닌 의사」「수전노」「부르주아 귀족」「여학자들」「상상병 환자」 등이 있다.
6 라신(1639~1699)은 17세기 프랑스 고전주의의 정수를 표현한 인물로 추앙되는 비극 작가다. 주요 작품으로 「앙드로마크」「브리타니쿠스」「베

차 문외한일 수 있습니다. 또한 라신의 조화로운 시구들은 마치 꿈틀거리는 뱀이 머리와 발과 손과 다리와 팔을 옥죄 듯 외국 배우를 옭아맵니다. 따라서 그의 움직임은 매우 부자유스럽게 될 겁니다.[7] 그 결과, 프랑스 배우와 영국 배우 둘 다 그 작가가 말한 원칙들에 동의한다 할지라도, 서로를 이해하지 못할 것이 자명합니다. 연극 특유의 언어 속에는 어떤 풍토와 경향이 있어요. 분별 있는 사람들이 저마다 완전히 대비되는 의견들을 갖고서 각자 그 의견들을 뒷받침하는 명백한 증거가 있다고 생각하지요. 그 어느 때보다 더 당신의 격언을 유념하세요. '이해되길 원한다면 스스로를 설명하지 말라.'

2 : 당신은 모든 작품들, 특히 이 작품 속에 두 가지 구별되는 의미들이 담겨 있고, 둘이 같은 기호로 씌어 있어도 런던과 파리에서 각각 다르게 이해될 수 있다고 생각하시는 거군요.

1 : 이런 기호들은 너무도 명확히 두 가지 의미를 나타

레니스」「이피제니」「페드르」 등이 있다.
7 디드로가 1767년 1월 여배우 조댕 양에게 보낸 편지를 통해 볼 때, 이 말은 개릭이 실제로 디드로에게 고백한 얘기임을 알 수 있다. "개릭은 어느 날 내게 자신은 라신의 인물들을 연기할 수 없을 거라고 말했다. 그의 운문들이 자신에겐 마치 배우의 몸을 친친 감아 꼼짝 못 하게 하는 커다란 뱀들 같아 보인다는 것이다."

내고 있는데도, 당신의 친구가 혼동하고 있다고 생각합니다. 영국 배우들의 이름을 프랑스 배우들의 이름과 함께 거론하면서 거기에 똑같은 규범, 똑같은 비난과 똑같은 찬사를 덧붙이고, 한쪽에 대해 말한 것이 다른 쪽에도 똑같이 적용된다고 여기다니.

2 : 다른 어떤 작가도 그토록 오해를 하지는 않았겠는데요.

1 : 그가 어떤 것을 말하기 위해 뷔시 교차로에서 사용한 단어들을 드루리가街에서는 또 다른 것들을 말하기 위해 사용했다는 사실을 유감스럽지만 고백할 수밖에 없군요.[8] 제가 틀렸을 수도 있습니다. 어쨌든 중요한 점에서 당신이 말하는 그 작가와 저는 전적으로 견해가 상반되는데요. 그것은 훌륭한 배우의 첫째가는 자질들에 관한 것입니다. 저는 훌륭한 배우라면 판단력이 좋아야 한다고 봐요. 배우는 냉정하고 침착한 관찰자여야 하죠. 그러니까 저는 그에게 통찰력을 요구하고 감성은 전혀 요구하지 않겠습니다. 모든 것을 모방할 수 있는 기술, 혹은 같은 말이 되겠지만, 모든 종류의 성격과 역할에 똑같이 적응할 수 있는 능력을 요구

---

8 뷔시 교차로는 1770년까지 생제르맹가에 있던 '코메디 프랑세즈'를 말한다. 런던의 드루리가는 개릭이 1776년까지 이끌었던 '런던 극단'이 있던 곳이다.

하겠어요.

2: 감성이 전혀 필요 없다니!

1: 전혀요. 저는 그 이유를 아직은 잘 알지 못합니다. 하지만 생각나면 즉각 말씀드릴게요. 당신 친구 작품처럼 무질서한 상태로라도.

배우가 감성적이라면 과연 같은 역할을 두 번이라도 똑같이 열정적이고 성공적으로 연기할 수 있을까요? 첫 공연에서는 대단히 뜨겁더라도 세번째쯤 되면 기진맥진해지고 대리석처럼 차가워질걸요. 반면에 배우가 주의 깊은 모방자이고 사려 깊은 자연의 사도라면 오귀스트, 신나,[9] 오로스만,[10] 아가멤논,[11] 마호메트[12] 등의 이름을 걸고 무대에 오르

---

9 오귀스트와 신나는 정열에 대한 숭고한 의지의 승리를 중시한 17세기 프랑스 희곡 작가 코르네유(1606~1684)의 「신나」에 나오는 인물들이다. 고전극은 그리스나 로마의 신화나 역사에 나오는 이야기를 다시 취하는 경우가 많은데, 「신나」는 세네카의 『관용론』을 출전으로 한다. 코르네유의 작품으로는 「르시드」 「오라스」 「폴리외크트」 「니코메드」 등이 있다.
10 원래 예루살렘의 군주를 부르는 말로 볼테르(1694~1778)의 비극 「자이르」의 주인공 이름. 볼테르는 18세기 프랑스의 사상가, 작가로서 재치 있고 날카로운 필치로 『철학 서한』 『철학 사전』 『캉디드』 『자디그』 『앵제뉘』 등을 썼다.
11 그리스 신화와 아이스킬로스, 에우리피데스 등의 작품에 나오는 이 인물은 라신의 「이피제니」에 등장한다.
12 볼테르는 「마호메트」란 비극을 써서 광신주의에 대해 공격한다.

는 첫 순간마다, 자기가 해온 연구의 결과를 엄격히 모방하거나 우리의 감각을 지속적으로 관찰하겠죠. 그의 연기는 점차 약해지기는커녕 그가 쌓아갈 새로운 성찰들로 보강될 거고요. 그가 흥분한 것처럼 보일 때나 차분해 보일 때나 당신은 점점 더 그의 연기에 만족하게 될 겁니다. 하지만 그가 연기할 때 자기 자신 그대로 머물러 있다면 어떻게 다른 사람이 될 수 있겠어요? 원래의 자신과 다르고 싶다 하더라도, 어디서 어떻게 자기 자신이길 멈출지 알아낼 수 있겠어요?

혼으로 연기하는 배우의 고르지 못한 연기가 이런 제 견해를 증명합니다. 그들에게서 어떤 통일성도 기대하지 마세요. 그들의 연기는 강하든지 약하든지 둘 중 하나이고, 마찬가지로 뜨겁든지 차든지, 밋밋하든지 숭고할 겁니다. 오늘 탁월한 부분에서 내일은 뭔가 빈약하겠죠. 반대로 어제 잘못한 데를 오늘은 잘할 거고요. 그러나 인간 본성에 대해 사색과 연구를 거듭하고, 이상적 모델에 따라 꾸준히 모방하고 상상력과 기억력으로 연기하는 배우는 모든 공연에서 한결같으며, 한결같이 늘 완벽합니다. 모든 것이 그의 머릿속에서 계산되고 연구되고 터득될 것이고, 그가 하는 낭독 속에는 그 어떤 단조로움도 불협화음도 없어요. 격정조차 진전과 상승과 퇴각과 시작과 중용과 극단을 갖겠지요. 그 어조와 자세와 동작은 언제나 똑같고요. 공연끼리 차이가 있다면 대개 직전 공연에서 얻은 교훈 덕분이겠죠. 그는 날품팔이 노동자가 아닙니다. 대상들을 언제나 똑같은 힘과 엄정함과 진실로써 드러나게 하는 하나의 거울입니다. 마치 시인이 자기 고유의 밑천이 드러날 것임에도 불구하고 본성의 마르지 않는 샘을 끊임없이 파고들어가는 것과 같은 이치지요.

클레롱[13]의 연기처럼 완벽한 게 어디 있을까요? 하지만 그녀를 따라다니면서 연구해보세요. 그러면 그녀가 여섯번째 공연쯤 가서야 비로소 자기가 맡은 역할의 모든 대사들과 연기의 모든 세부 사항들을 훤히 꿰뚫는 것을 알게 될 겁니다. 아마도 그때 비로소 그 여자는 처음에 자신이 본받고자 했던 모델 자체가 되어 있겠지요. 애초에 그녀는 자신에게 가능한 것 이상으로 숭고하고 위대하고 완벽한 이상을 마음에 품었을 겁니다. 그런데 그녀가 역사에서 빌려 왔거나 상상력으로써 거대한 환영처럼 창조해낸 이 이상적 모델이 그녀 자체는 아니죠. 그 이상적 모델이 실제의 그녀와 같다면 그 행동은 빈약하고 왜소했을 겁니다. 열심히 연구한 덕분에 그녀가 할 수 있는 한 최대한 그 모델에 가까워졌다면 일은 다 끝난 거죠. 그 모델과 닮아 있다면 그건 순전히

---

13 디드로 당대의 유명 여배우 클레롱(1723~1803)은 17세기 고전극과 18세기 볼테르 연극의 주요 역할을 섭렵했다. 그녀는 『회고록』에서 자신이 길 멈추고 역할에 동화되는 연기를 옹호했지만, 디드로는 오히려 그녀의 자기 자신과 역할 사이의 거리 두기 능력을 높이 샀다.

연습과 암송에 달린 문제입니다. 그녀가 연습하는 자리에 당신이 참석했다고 칩시다. 당신은 수도 없이 그녀에게 "바로 그거예요!"라고 하겠죠. 하지만 그녀는 또 수없이 당신에게 "아니요!"라고 할 겁니다. 팔 붙들고 말리는 친구에게 뒤케누아가 외친 것처럼요.[14] 뒤케누아의 친구는 "그러지 말게나. 가장 훌륭한 것은 훌륭한 것의 적이야. 모든 것을 망칠 거야……"라고 말했어요. 그 예술가는 감식안을 갖고 있고 또 충분히 매혹된 친구에게 숨 가쁘게 대답했지요. "자네는 내가 만든 것을 보고 있지, 내가 본 것, 내가 추구한 것은 못 봤잖나"라고요.

저는 뒤케누아가 처음 일을 시작하면서 겪은 괴로움을 클레롱도 느꼈으리라 확신합니다. 그녀는 고통의 시간이 지나고 마침내 자기가 만들어놓은 환영의 경지에 올라섰을 때조차 계속 자신을 억제하고 한 치의 감정도 내보임 없이 연습을 반복했어요. 꿈속에서나 가끔 있을 법하게, 그녀의 머리는 하늘에 닿아 있고 그녀의 손은 지평선의 두 끝을 찾

14 프랑수아 뒤케누아(1597~1643)는 브뤼셀에서 태어나 오랫동안 로마에서 활동한 조각가이며, 이 에피소드는 디드로의 『살롱 1767』에 씌어 있다. 뒤케누아는 자신이 작업하고 있는 것을 바라보면서, 작가가 더 완벽을 기하려다가 작품을 망칠까 봐 우려하던 한 교양 있는 아마추어에게 대답했다. "당신이 옳아요. 당신은 단지 복사본만을 보니까요. 하지만 저 또한 옳습니다. 제 머릿속에 있는 원본을 따르고 있으니까요."

고 있었지요. 그녀는 자신 주변에 있는 어떤 거대한 마네킹의 영혼 같았어요.[15] 노력을 통해 혼연일체가 된 거죠. 긴 의자에 팔짱 낀 채 무심히 퍼져 누워서, 눈 감고 꼼짝하지 않은 채, 기억 속의 꿈을 따라가며 내면의 이야기를 듣고 이해하고 판단하고, 자신이 불러일으킬 인상들을 결정하더군요. 이때 그녀는 왜소한 클레롱이면서 동시에 그녀가 연기하는 위대한 아그리핀[16]이었습니다.[17]

2 : 당신 말을 듣자니, 무대 위에 설 때나 연습할 때의 그런 배우와 가장 비슷한 건 누구보다도 한밤중 묘지에서 유령 흉내를 내는 어린아이들일 것 같군요. 막대기 끝에 커다란 흰 보자기를 씌워 들것을 만들고는 그것을 머리 위로 들어 올려, 지나가는 사람들을 놀라게 하면서 음침한 목소

---

15 이는 저자 디드로의 『달랑베르의 꿈』 속에도 반복되어 나타나고 있는 테마이기도 하다. "저는 꿈에서 여러 번 〔……〕 거대해지고 〔……〕 팔과 다리가 끝없이 늘어나고 제 몸의 나머지 부분도 그와 비율이 맞는 부피를 갖게 되었던 것 같습니다."

16 라신의 「브리타니쿠스」에 나오는 황태후. 「브리타니쿠스」는 타키투스의 『사기』 12~13장을 출전으로 한다.

17 자아 분열의 주제는 『달랑베르의 꿈』에도 나와 있고, 비슷한 표현은 『살롱 1767』에도 있다. "아! 지금 들리네요. —뭘요, 신부님? —나는 두 역할을 하고 있소. 나는 두 사람이지. 나는 르쿠브뢰르이면서 여전히 나요. —전율하고 고통받는 사람은 르쿠브뢰르로서의 나이고, 즐거워하는 자는 그냥 나요."

리를 내는 아이들 말입니다.

　1 : 맞아요. 그런데 클레롱은 뒤메닐[18]과는 달라요. 처음 그녀는 자신이 무엇을 말할지 모르는 채로 무대에 서지요. 거의 중간까지는 자신이 뭘 말하고 있는지 모르다가, 갑자기 탁월해지는 순간을 맞게 됩니다. 배우가 시인이나 화가, 웅변가, 음악가와 다를까요? 그 특징적인 흔적들은 초반에 휘몰아치는 열광의 분출에서가 아니라 조용하고 차가운, 조금도 기대하지 않았던 순간들 속에서 나타납니다. 사람들은 이런 특성들이 어디서 오는지 몰라요. 이것들은 어딘가 영감의 속성을 갖고 있어요. 천재들은 자연과 그것의 밑그림 사이에 매달려, 하나하나에 번갈아가며 주의 깊은 시선을 던집니다. 영감의 아름다움, 그들의 작품들 속에 퍼져 있는 우연성, 그것의 갑작스러운 현현顯現은 그 자신들마저 놀라게 하지요. 그런 요소들은 우연히 재치로 내뱉은 것과는 아주 다르게 확실한 효과를 내고 성공을 거둡니다. 차가운 피 앞에서 열광의 미망은 누그러지죠.

　그러므로 우리를 마음대로 움직일 수 있는 사람은 자기 통제력을 벗어난 격정의 인간이 아닙니다. 타인을 움직일

　18　뒤메닐(1713~1803)은 1737년 코메디 프랑세즈에서 라신의 「이피제니」의 클리템네스트르 역으로 데뷔했다. 그녀는 격정적인 연기로 유명했는데, 라이벌인 클레롱은 자신의 『회고록』에서 그녀를 고전극의 관습을 무시한 배우로 깎아내렸다.

수 있는 능력은 스스로를 통제할 수 있는 사람에게 돌아가는 특권이지요. 위대한 극작가는 특히 자기 주변의 물리적 세계와 정신세계 속에서 일어나는 바를 끈기 있게 관찰하는 사람이고요.

2 : 그 두 세계는 사실 하나일 뿐이죠.[19]

1 : 그들은 자신들에게 강한 인상을 주는 모든 것들을 포착하고 수집합니다. 그들도 모르게 자신들 속에 쌓여 있는 이 수집함으로부터, 너무도 희귀한 현상들이 그들의 작품 속으로 전해집니다. 물론 뜨겁고 격렬하고 감성적인 사람들도 무대에 오르긴 하죠. 그들이 무슨 볼거리를 제공할지는 모르지만 스스로 즐기지는 못합니다. 천재적인 사람은 그들을 모방하지요. 위대한 시인과 위대한 배우, 아마도 모든 위대한 자연의 모방자들은 누구든 아름다운 상상력과 위대한 판단력과 섬세한 촉각과 매우 확실한 취향을 가졌으면서 또한 가장 덜 감성적인 사람들입니다. 그들은 너무나 많은 일에 똑같이 잘 들어맞지요. 그들은 지켜보고 조사하고 모방하는 데 너무나도 열중한 나머지, 자기 자신의 내면까지 생생하게 영향을 받을 수는 없습니다. 그들은 늘 무릎에 수첩을 놓고, 연필을 쥔 채 공부하고 있어요.

---

19 디드로의 『운명론자 자크』에도 이런 생각이 나온다. "물리적 세계와 정신적 세계의 구별은 그에게 무의미한 것으로 보였다."

요컨대 우리가 느낀다면, 천재적인 사람들은 관찰하고 연구하고 다듭습니다. 곧이곧대로 말할까요? 왜 못 하겠어요? 감성은 위대한 천재의 자질이 거의 못 됩니다. 천재는 공정함을 좋아할 것입니다. 하지만 자비심 때문에 공정함의 덕을 행하는 것은 아닙니다. 그 모든 것을 만드는 것은 그의 심장이 아니라 머리입니다. 감성적인 사람은 아주 작은 뜻밖의 상황에도 이성을 잃지요. 그래서 위대한 왕도, 위대한 재상도, 위대한 군인도, 위대한 변호사도, 위대한 의사도 못 되는 겁니다.[20] 이런 울보들로 극장을 채우세요. 하지만 무대 위에는 절대 세우지 말아야 합니다.[21] 여자들을 보세요. 그들은 어떤 면에서, 특히 감성 면에서 우리 남자들을 훌쩍

20 디드로는 정치와 정신적 권력의 주체는 마키아벨리적인 사람이 아니라 민주적인 정신을 갖추어 미신과 압제를 깨부술 수 있는 냉철한 존재여야 한다고 역설했다.

21 여기엔 『달랑베르의 꿈』과 『배우에 관한 역설』 사이의 관련성이 두드러지게 나타나고 있다. 디드로는 1769년부터 『달랑베르의 꿈』을 쓰고 있었다. "위대한 인간은 불행히도 감성이란 천성을 부여받았다 할지라도 지체 없이 그것을 약화시키고 지배하고 그 감성의 움직임의 지배자가 되고 신경망의 근원에서부터 자신의 제국을 유지하려고 노력할 겁니다. 가장 큰 위험들의 한복판에서도 그는 그렇게 해서 자신의 지배자가 될 것입니다. (……) 그는 위대한 왕이자 위대한 재상, 위대한 정치가, 위대한 예술가, 위대한 음악가, 위대한 의사가 될 것입니다."(『디드로 철학 선집』, 가르니에, 357쪽)

능가합니다. 열정에 빠진 순간의 여자들은 우리와 비교가
안 돼요. 그러나 여자들이 감성에서 우리보다 한 수 위인 것
만큼이나, 엄밀히 모방할 때는 우리보다 한 수 아래에 있답
니다. 감성이란 결코 신체 조직의 허약함 없이는 존재하지
않아요. 정말로 남자다운 남자로부터 나오는 눈물은 여자들
이 흘리는 그 모든 눈물들보다 더 우리를 감동시킵니다. 제
가 계속 참조해 마지않는 위대한 희극, 세상이란 희극 속에
서는 뜨거운 영혼들이 모두 무대를 점령하고 있어요. 천재
적인 사람들은 모두 무대 밑 관객석에 있고요. 전자는 광인
이라 불리고, 그들의 광기를 묘사하는 후자는 현자라 불립
니다. 바로 이 현자의 눈이 그토록 다양한 사람들의 우스꽝
스러움을 포착하고, 그것을 그려내고, 당신을 괴롭혔던 괴
상한 행동들과 당신 자신에 대해 웃게 하는 거지요. 당신을
관찰하고 당신의 고통과 그 성가신 괴짜[22]들을 희극으로 모

---

22 디드로는 여기서 호라티우스의 『풍자』 제1권에 나오는 성가신 자와
의 만남 이야기를 하고 있다. 그는 이런 종류의 괴짜들에 대한 복합 감정
을 『라모의 조카』 첫 부분에 잘 언급하고 있다. "나는 이런 괴짜들을 존경
하진 않는다. (……) 나는 그들을 만나도 1년에 한 번 정도 마음이 끌린
다. 그들의 특성이 다른 사람들의 특성과 대조를 이루고, 그들이 우리가
받은 교육, 우리 사회의 인습, 우리의 관례적인 예의범절로 인해 생겨난
그 지긋지긋한 획일성을 깨뜨리기 때문이다. 그런 사람 하나가 모임에 나
타나면 그는 효모가 되어 발효시키고 개개인들에게 타고난 개성의 일부
를 되돌려준다. 그는 자극하고 선동한다. 그는 시인하게 하거나 비난하게

방해내는 것은 바로 그 사람이랍니다.

　이런 진실들은 밝혀져야 하겠지만 위대한 배우들조차 잘 인정하려 들지 않을 거예요. 사실 그들만의 비밀이죠. 평범한 배우나 풋내기들은 그런 진실들을 거부하게 되어 있어요. 미신적인 사람들이 믿음을 믿는 것처럼 감성적인 사람들은 느낌을 믿겠죠. 어떤 이들에게 신앙 없이 구원 없듯, 다른 사람에게는 감성 없이 구원도 없답니다.

　사람들은 이 무슨 소리냐고 할 겁니다. 어머니 역을 하는 저 배우가 마음 깊은 곳으로부터 뽑아내는 그토록 애처롭고 고통스러운 어조, 내 마음에도 그토록 깊은 인상을 남기는 그런 말투를 만들어내는 것이 진짜 감정이 아니고, 그것들에 영감을 주는 것이 절망이 아니라니. 그래요, 전혀 아닙니다. 그 증거는 바로 그것들이 규칙적이라는 점에 있어요. 그것들은 낭독의 체계에 속합니다. 4등분한 곳 스무번째 부분 어조가 조금이라도 낮거나 높으면 틀렸다는 식이지요. 그것들은 통일성의 원칙에 종속되고 화음처럼 지켜지고 있으며 오랫동안 연구한 끝에 모든 요구 조건들을 만족시킵니다. 제시된 어떤 문제에 대한 해답을 향해 달려가면서 가

하고 진실을 부각시킨다. 그는 착한 사람들을 드러내고 악한들의 가면을 벗긴다. 양식 있는 사람이 귀를 기울이고 자기 주변을 꿰뚫어 볼 수 있게 되는 것은 바로 이때이다."

장 합당한 길을 찾을 때까지 백 번은 반복하지요. 그런데 수많은 반복에도 불구하고 사람들은 여전히 미진하다고 느끼죠. 이렇게 말하기 전에도 배우는 자신의 말을 오랫동안 주의 깊게 들어봅니다.

자이르, 당신은 울고 있군요![23]

혹은

너는 거기 있겠구나, 내 딸아.[24]

처럼 당신을 뒤흔드는 바로 이 순간에도 배우는 자기 목소리를 듣고 있지요. 그의 모든 재능은 당신이 잘못 생각하고 있듯이 느낀다는 것에 있지 않고, 감정의 외부적 기호들을 지극히 주의 깊게 토해낸다는 점에 있어요. 그 고통의 외침은 배우의 귓속에 기록되어 있고요. 그의 절망의 몸짓들은

---

23 볼테르의 비극 「자이르」, 4막 2장. 「자이르」는 라신 비극 「미트리다트」의 모작이라 할 수 있는데, 이 "자이르, 당신은 울고 있군요!"란 대사는 단순하고 일상적인 표현이 그 무엇보다 감동을 주는 힘이 있음을 밝히는 예로서 널리 인용된다.

24 라신, 「이피제니」, 2막 2장. 역시 비극성을 강하게 담고 있는 단순한 대사의 예이다.

기억에서 나오고, 거울 앞에서 준비된 겁니다. 그는 정확히 언제 손수건을 꺼내서 눈물을 흘려야 할지 알고 있지요. 바로 그 단어, 그 음절이 나오는 순간 더 늦지도 빠르지도 않게 눈물이 나올 겁니다. 떨리는 목소리와 끊긴 말들, 목멘 혹은 길게 끄는 소리들, 떨리는 사지, 비틀거리는 무릎, 졸도, 격노, 이런 것들은 순수한 모방의 산물이고 앞서 기록된 교훈의 결과입니다. 배우는 비장하게 찡그린 표정과 숭고한 몸짓 들을 연구한 후에 오랫동안 그 기억을 간직하며, 연기하는 순간 그것을 또렷이 의식합니다. 그 기억은 시인과 관중과 배우 모두에게 다행스럽게도 정신에 전적인 자유를 주며, 다른 연습들과 마찬가지로 육체의 힘만을 빼앗을 뿐이지요. 나막신을 신었건 낡은 반장화를 신었건[25] 그의 목소리는 가라앉습니다. 그는 극도의 피로를 느낀 채 속옷을 갈아입고 잠을 청하겠죠. 하지만 그에겐 동요도, 고통도, 우수도, 의기소침해진 영혼도 남아 있지 않아요. 그런 인상을 받는 건 바로 당신이지요. 배우는 지치고, 당신은 비탄에 잠깁니다. 왜냐하면 그는 아무것도 느끼지 않은 채 분투한 것이고, 당신은 조금도 분투하지 않은 채 느낀 것이기 때문이죠. 만약 이렇지 않다면 배우가 처한 삶의 조건이란 그 어떤 것보다도 불행한 게 될 겁니다. 하지만 그는 등장인물 자신이 아

---

25 고대에 나막신은 희극 배우가, 장화는 비극 배우가 신었다.

니지요. 오로지 그 인물을 연기할 뿐입니다. 아주 잘 연기하기 때문에 당신이 배우를 등장인물과 동일시하는 거죠. 극적 환영이란 오로지 관객들을 위한 것이며, 배우는 자신이 그 환영이 아님을 잘 알고 있어요.

가능한 한 가장 큰 효과를 내기 위해 서로서로 공모하고 조율하고 서로를 약화시키거나 강화시키고 서로에게 미묘한 변화를 줘서 하나의 전체를 형성하는 다양한 감성들은 모두 다 저한테서 비웃음을 불러일으킬 뿐입니다. 그래서 저는 이렇게 주장하며 말하고 싶어요. "극도의 감성은 시시한 배우들을 만든다. 시시한 감성은 형편없는 배우들을 늘린다. 뛰어난 배우를 만드는 것은 감성의 전적인 결여이다"라고요. 배우의 눈물은 그의 머리에서 나옵니다. 보통 사람들의 눈물은 마음에서 솟아나고, 감성적인 인간의 머리를 대책 없이 뒤흔드는 것도 저 깊은 속마음이죠. 반면 배우의 마음속에 가끔씩 지나가는 동요를 제압하는 것은 그의 머리랍니다. 그는 그리스도의 수난을 설교하나 정작 믿지는 않는 사제처럼 웁니다. 사랑하진 않지만 유혹하고 싶은 여인 앞에 무릎 꿇는 유혹자와도 같지요. 또는 길이나 교회 문 앞에서 당신의 동정심을 자극하는 데 실패하고는 뒤에서 당신을 저주하는 거지와도 같고, 아무것도 느끼지 않으면서도 당신의 품 안에서 기절하는 고급 창녀와도 같고요.[26]

진짜 비극적인 사건 앞에서 흘리는 눈물과, 비장한 이

야기를 듣고 흘리는 눈물의 차이에 대해 생각해보신 적이 있나요? 아름다운 이야기를 들을 때 사람들은 차츰 머리가 혼란스러워지면서, 감동받고 눈물을 흘립니다. 반대로 진짜 비극적인 사건 앞에서는, 대상과 감각과 결과가 서로 가까이 있어, 순식간에 마음들이 움직이고 비명이 나오고 이성을 잃게 되고 눈물이 나오지요. 이 눈물이 갑자기 나오는 것이라면, 앞의 눈물은 준비된 것입니다. 웅변적인 장면에서 볼 수 있는 자연스럽고 진실한 연극의 동작이 지닌 이점이란 바로 이런 것이지요. 그것은 그 장면이 기대하게 한 것을 단번에 실행합니다. 하지만 그것의 환영을 만들어내는 일은 훨씬 더 어려워요. 잘못 제시된 가짜 에피소드는 그것을 망칩니다. 목소리의 굴곡들이 몸짓보다 모방하기 쉬운 건 사실이지만, 더 격렬하게 인상을 주는 것은 역시 몸동작입니다. 바로 이것이, 제가 예외란 있을 수 없다고 생각하는 그 어떤 법칙의 토대를 이루는데요. 차가워지지 않으려면 말이 아니라 행동으로 작품의 결말을 짓는다는 것이죠.

26 장 토마(1732~1785)의 여성론에 대한 감상문 형식으로 시작되는 디드로의 에세이 「여성에 대하여」에는 이와 비교할 만한 말들이 나오고 있다. "당신을 속임으로써 얻는 이득이 커지는 경우, 여성들은 열정의 도취를 가장한다. 심지어 스스로를 내맡기지 않으면서도 도취의 순간을 경험하기도 한다. 스스로를 내맡기는 듯한 순간이 바로 여성들이 계획대로 일을 진행하는 순간이다."

저런, 제게 반박할 게 아무것도 없지요? 이해합니다. 당신이 어떤 모임에서 이야기를 해나갈 때, 당신의 마음은 동요되고 목소리는 툭툭 끊기고 심지어 울기까지 하죠. 솔직히 말씀해보세요. 당신은 느꼈고, 그것도 아주 생생하게 느꼈다고 하겠죠. 동의합니다. 하지만 그것을 미리 준비했나요? 아니죠. 운문으로 말했나요? 아니죠. 그래도 어찌어찌 이끌어가고 놀라게 하고 감동시키고 커다란 반향을 일으켰겠죠. 사실일 겁니다. 하지만 무대에서 당신이 그런 친숙한 어조와 단순한 표현과 일상적인 거동과 자연스러운 몸짓을 그대로 유지한다면 초라하고 시시해 보입니다. 눈물을 쏟아봤자 소용없고, 오히려 우스꽝스러워 보여서 사람들은 웃음을 터뜨릴걸요. 당신이 연기하는 건 비극이 아니라, 단지 슬픈 광대 짓에 지나지 않을 겁니다. 코르네유나 라신, 볼테르, 심지어 셰익스피어의 무대가 당신네 집 난롯가에서 들리는 어조와 대화체로 낭독될 수 있다고 생각하시나요? 마찬가지로 과장된 말투와 더불어 연극의 시작을 알리는 서주를, 당신네 집 난롯가에서 주고받을 법한 이야기들과 함께 연주할 수는 없겠지요.

2: 코르네유와 라신이 아무리 위대한 사람들일지라도 가치 있는 일은 하나도 안 했다는 말이군요.

1: 무슨 불경한 말씀을! 누가 감히 그런 말을 하겠어요? 누가 감히 그런 말에다 대고 박수를 치겠어요? 코르네유적

인 것들은 친숙한 어조로는 말할 수조차 없다는 이야기일 뿐입니다.

그런데 당신의 낭독을 들으며 살롱의 몇 안 되는 청중들이 감동의 소용돌이로 빠져들고 있을 때, 나중에 새로 온 사람이 호기심에서 그 낭독을 다시 듣고 싶어 하는 경우가 자주 있죠. 하지만 당신은 더 이상 그렇게 할 수 없을 겁니다. 당신의 영혼은 고갈되고, 그 어떤 감성도 열기도 눈물도 남아 있지 않기 때문이죠. 배우라고 해서 왜 그렇게 고갈되지 않겠습니까? 즐거움을 주기 위해 만든 이야기를 듣는 데서 얻는 이점과, 당신 이웃의 불행이 당신에게 영향을 주는 데서 얻는 이점 사이엔 아주 큰 차이가 있으니까요. 한 번이라도 신나, 클레오파트라,[27] 메로프,[28] 아그리핀이 되어본 적이 있나요? 이 사람들이 얼마나 당신에게 중요한가요? 연극의 클레오파트라, 메로프, 아그리핀, 신나가 역사에 나오는 인물들 그 자체인가요? 아니죠. 이들은 시가 만들어낸 상상적 환영들일 뿐이죠. 심하게 말해 그들은 이런저런 시인 특유의 방식으로 만들어진 유령들입니다. 일종의 그리스 신화에 나오는, 말의 몸에 독수리의 머리와 날개를 가진 상상 속

---

27 로마사의 유명한 인물인 이 이집트 여왕은, 셰익스피어의 「안토니오와 클레오파트라」와 더불어 코르네유의 「폼페이우스의 죽음」 「로도귄」, 18세기 극작가 마르몽텔의 「클레오파트라」 등 여러 작품에 등장한다.
28 볼테르의 동명 희곡 「메로프」의 여주인공 이름이다.

의 괴물hippogriffe들이죠. 이들을 특유의 동작과 몸짓과 외침과 함께 그대로 놔둬보세요. 그들이 사회 속에 있다면 조소를 불러일으킬 것입니다. 서로들 귓속말로 묻겠지요. 저 사람 망령 든 건가? 저 돈키호테는 어디서 온 사람이지? 이런 줄거리로 도대체 뭘 말하겠다는 거지? 어느 행성에서 저렇게 말하지?

2 : 근데 왜 이런 사람들이 극장에서는 시비를 걸지 않을까요?

1 : 그게 관례이기 때문이죠. 그건 그리스 비극 시인 아이스킬로스로부터 주어진 하나의 공식입니다. 3천 년 된 의례 조항이죠.

2 : 앞으로도 계속 그럴까요?

1 : 모르겠어요. 자신이 속한 시대와 나라에 가까워질수록 사람들은 그 관례에서 멀어진다는 것이 제가 아는 전부일 뿐입니다.

「이피제니」의 첫 공연에서 아가멤논이 처한 상황은 앙리 4세가 실제 처했던 상황과 무엇보다 일치합니다. 그는 너무나 깊숙한 곳으로부터 우러나오는 공포에 사로잡혀 측근들에게 이렇게 말합니다. "그들이 나를 죽일 거야. 아무것도 그보다 확실하진 않아. 그들이 날 죽일 거야." 밤마다 불길한 예감으로 고통스러워하는 이 위인, 이 위대하고도 불행한 군주는 밤중에 일어나 재상이자 친구인 쉴리의 문을 두드리지요. 하지만 실제의 앙리한테 다음과 같이 말하게 하고, 쉴리한테 다음과 같이 대답하게 할 만큼 엉뚱한 시인이 어디 있으리라고 생각하세요?

그래, 앙리다. 너를 깨운 건 바로 너의 왕이다.
와서 너의 귓전에 울리는 소리를 들어보아라.

전하, 전하가 친히! 어떤 긴급한 용무가 해 뜨기도 한참 전 전하를 기침케 하였나이까?
새벽의 여명만이 멀리서 전하를 비추고 저를 인도할 따름입니다.
전하의 눈만이, 그리고 저의 눈만이 뜬 채로![29]

2 : 아마도 아가멤논의 진짜 말투가 이랬나 보죠.
1 : 앙리 4세의 그것이 아닌 만큼이나 아가멤논의 말투도 아닙니다. 오히려 그것은 호메로스의 언어, 라신의 언어, 시의 언어죠. 이런 장중한 언어는 친밀하지 않은 존재들 사이에서만 사용되며, 시적인 입으로만, 시적인 어조로만 말

---

29 이는 라신의 「이피제니」가 시작되는 부분의 아가멤논과 아르카스 사이의 대화로부터 인용된 것인데, 여기서는 아가멤논의 이름이 앙리로 대치되어 있다.

할 수 있어요.

잠시 사람들이 연극에서 진실되다고 부르는 순간에 대해 생각해봅시다. 거기서 사물이 자연에서처럼 드러나던가요? 전혀 그렇지 않지요. 이런 관점에서의 진실됨이란 일상적인 것에 지나지 않아요. 그렇다면 무대에서의 진실이란 무엇일까요? 그것은 시인이 상상해내고 배우가 종종 과장하는 어떤 이상적 모델과 행동, 말, 표정, 목소리, 움직임, 동작들의 일치입니다. 놀라운 일이죠. 이런 모델은 단지 어조에만 영향을 끼치는 것이 아니라 거동과 태도까지도 바꾸거든요. 바로 그렇게 함으로써 거리의 배우와 무대 위의 배우는 서로 아주 다른 인물들이 되고, 사람들이 거의 알아보지도 못하게 되는 겁니다. 제가 클레롱을 집에서 처음 보았을 때 저도 모르게 외쳤습니다. "아! 클레롱 양, 저는 당신이 머리 하나쯤은 더 큰 사람인 줄 알았는데요"라고요.

어느 불행한 여인, 정말로 불행한 여인이 울면, 당신은 감동하지 않아요. 더 나쁜 경우 얼굴을 일그러뜨리는 표정이 당신을 웃게 하고, 특유의 어조가 당신 귀에 불협화음으로 들리고, 심지어 당신 마음을 상하게 할걸요. 그녀에겐 당연한 움직임이 당신에겐 그저 비천하고 침울한 고통의 흔적만을 보여줄 수도 있습니다. 극한의 열정들은 거의 모두 일그러진 표정을 짓게 하는데, 몰취미한 예술가라면 노예처럼 베끼겠지만 위대한 예술가는 그러지 않아요. 우리는 인간이 가장 극심한 고통을 겪는 순간에도 인간다움, 인간의 존엄성을 지키길 원합니다. 이런 영웅적 노력의 결과가 무엇일까요? 고통의 포즈를 줄이고 약화시키는 것입니다. 우리는 이 여자가 쓰러지더라도 끝까지 품위를 지키면서 연약하게 쓰러지기를 원하며, 저 영웅이 고대의 검투사처럼 투기장 한가운데에서 회중의 환호를 받으며 우아하고 장중한 태도로 그림처럼 기품 있게 죽어가길 원하지요. 누가 우리의 기대를 만족시킬까요? 고통에 사로잡히고 감정으로 일그러져 버린 운동선수일까요? 마지막 숨을 거두면서도 자신을 통제할 줄 알고 체육 수업의 교훈들을 실행에 옮기는 미술 아카데미의 모델 같은 선수일까요? 고대의 검투사는 위대한 배우처럼, 또 위대한 배우는 고대의 검투사처럼, 자기 침대 위에서 죽어가듯 죽는 게 아니라 우리 마음에 들기 위해 그와는 구별되는 죽음으로 우리를 속이는 데 신경을 쓰지요. 또한 민감한 관객이라면, 벌거벗은 진실이나 모든 꾸밈으로부터 해방된 행동은 비속할 뿐이며 시적인 것과도 모순된다는 점을 느낄걸요.

숭고한 순간들을 전유하는 것은 순수한 자연이 아닙니다. 하지만 숭고함을 확실히 포착하고 유지하는 사람이 있다면, 그는 상상력이나 천재적 능력으로 그것들을 예감하고 냉정하게 드러낼 수 있는 사람일 겁니다.

획득되거나 인공적인 감정의 움직임이 있으리라는 점

을 저도 부인하진 않아요. 하지만 제 견해를 물으신다면, 그 또한 자연적 감성 못지않게 위험하다고 대답하고 싶군요. 그것은 점점 배우를 마음대로 움직이거나 단조롭게 만드는데, 이는 위대한 배우의 다양한 기능들과는 모순되는 요소지요. 배우는 종종 스스로를 거둬내야 하는데, 이런 자기 부정은 강철 같은 머리에게만 가능한 것입니다. 연구의 수월성과 성공, 재능의 통달과 완벽한 연기를 위해서는, 자기 자신으로부터 자신을 떼어놓는 이러한 불가해한 분리가 더 이상 필요 없는 상태가 더 나을지도 모릅니다. 그게 너무나 어려우니까 각각의 배우에게 한 가지 역할씩을 한정함으로써 배우의 수를 수없이 늘리거나, 순리를 거슬러 배우들에 맞춰 연극을 만들겠지요. 그렇게 하지 않는 한 대부분의 연극에서 연기가 형편없어지는 결과가 초래되겠죠. 제가 보기에 배우들은 그와 반대로 연극을 위해 만들어진 존재인데 말입니다.[30]

2 : 하지만 재난을 당해 거리에 모이게 된 군중들도 처음엔 제멋대로, 혹은 자신들의 기분대로 아무런 구심점 없이 흩어질지라도, 이내 기적적인 장관을 연출하고 조각·

---

[30] 이런 생각은 『배우에 관한 역설』보다 앞서 쓰인 『극시론』에도 나와 있다. "배우에 역할을 맞추는 게 아니라 역할에 배우를 맞추는 것입니다. 상황들 속에서 당신의 성격들을 찾는 대신, 상황들을 배우의 성격과 재능에 맞추었다고는 절대로 말하지 않을 것입니다."

회화·음악·시를 위한 수많은 모델을 만들곤 하던데요.

　1 : 맞습니다. 그래도 그 장면을 아주 잘 짜인 조화, 예술가가 무대나 화폭 위에 옮겨놓을 때 가져오는 하모니와 비교할 수 있을까요. 계속 그렇게 주장하신다면, 이렇게 여쭙고 싶군요. 날것 그대로의 자연과 우연한 배치가 더 낫게 만들어놓은 것을 예술이 침해한다면, 그토록 칭송받아온 예술의 마법[31]이란 도대체 무엇이냐고요. 당신은 어떤 여인을 칭찬하면서 라파엘로의 성모상같이 아름답다고 말한 적이 과연 한 번도 없나요? 아름다운 경치를 볼 때, 소설에 나오는 것 같다고 경탄하지 않나요? 나아가 당신이 실재하는 것에 대해 말하신다면 저는 모방에 대해 말하겠습니다. 당신이 자연의 덧없는 순간에 대해 말하신다면, 저는 세상에 나온 다음 이어지고 발전하고 지속되는 예술 작품에 대해 말하겠어요. 배우들을 거리에 데려다 놓고 극장에서처럼 무대를 다채롭게 꾸미게 해보세요. 또 이 인물들을 하나씩, 둘씩, 셋씩 연달아 제게 보여주세요. 그들을 마음 내키는 대로 움직이게 내버려 두세요. 그들이 전적으로 자기 맘대로 행동하면 기묘한 불협화음이 나오는 것을 보게 될 것입니다. 이런 결함을 피하기 위해 당신은 계속 그들이 함께 반복해

---

31 미술에서 실제의 것과 똑같다는 환상을 주는 기법을 말할 때 흔히 쓰던 단어.

서 연습하게 하겠지요? 자연적 감성이여 안녕. 잘된 일이죠.

질서가 잘 잡힌 사회에서와 마찬가지로, 연극에서는 전체의 이익을 위해 원초적인 권리들이 희생됩니다. 누가 이런 희생의 진가를 더 잘 알아볼 수 있을까요? 신들린 사람일까요? 환상에 빠진 사람일까요? 절대로 아닙니다. 그렇게할 수 있는 사람은 사회 속에서라면 공정한 사람일 것이고, 연극에서라면 차가운 머리를 가진 배우일 겁니다. 거리라는 무대와 연극 무대의 차이는 마치 원시인들의 군집 상태와 문명인들의 의회의 차이와도 같지요.

이제는 일개 시시한 배우가 상대역을 하는 뛰어난 배우에게 끼치는 해로운 영향에 대해 말해야 할 것 같군요. 뛰어난 배우는 뜻을 크게 품습니다. 그러나 함께 무대에 서는 하찮은 배우의 수준에 스스로를 맞추기 위해 분명 자신의 이상적 모델을 포기해야 되지요. 그럴 때 그는 더 이상 연구와 훌륭한 판단력을 필요로 하지 않게 됩니다. 산책 중에 혹은 난로 옆에서 본능적으로 나오는 말을, 그것도 천하게 하는 사람은 상대방의 말투도 저속하게 만들지요. 혹 당신이 다른 비유를 원하신다면 카드놀이에 비유해도 되겠군요. 카드놀이에서 상대 도박꾼을 믿지 못하면, 당신 자신도 능숙하게 못 치죠. 또 있어요. 클레롱은 다음과 같이 말할 겁니다. 르캥[32]이 심술을 부려 고의로 그녀를 연기 못하는 시시한 배우로 만들었으며, 그 보복으로 르캥도 야유 섞인 휘파람 소리를 듣게 만들었다고요. 그렇다면 서로를 받쳐주는 배우들이란 어떤 경우일까요. 두 인물의 모델들은 정해진 비율로 공평하게, 혹은 시인들이 그들을 놓아둔 그 상황에 꼭 맞게 되어 있어요. 그렇지 않다면 너무 강하거나 너무 약한 상태가 될 겁니다. 드물게는 잘하는 사람이 못하는 사람을 자기 높이로 끌어올려 그 부조화로부터 벗어나기도 하죠. 하지만 반대로 잘하는 사람이 못하는 사람을 따라 수준이 내려가기도 하지요. 그토록 여러 번 반복 연습하는 목적을 아시나요? 하나로 통일되는 일관된 연기가 나오도록 하기 위해서, 또한 배우들이 가진 다양한 재능들 사이의 균형을 만들기 위해서랍니다. 그들 중 한 사람이 자만심에서 이런 균형을 거부하면, 이는 모두의 완성을 희생시키는 것이고 또한 당신의 즐거움을 배려하지 않는 처사지요. 왜냐하면 단 한 사람의 탁월함으로 다른 배우들의 서투른 연기가 보상되는 경우란 거의 없기 때문입니다. 오히려 그의 탁월함이 다른 사람들의 서투른 연기를 더 부각시키죠. 저는 개성 있는 위대한 배우가 이따금 비난받는 것을 본 적이 있는데, 그런 경우 바보스럽게도 관중은 그의 상대가 초라하다고 느끼기보다는 그가 지나치다고 평하곤 하더군요.

---

32 르캥(1729~1778). 프랑스 희극 배우. 코메디 프랑세즈의 단원이면서 볼테르의 「브루투스」 「자이르」 등의 뛰어난 해석자로 알려져 있다.

현재 당신이 시인이고, 공연할 희곡을 가지고 있다면, 심오한 판단력과 차가운 머리를 가진 배우를 택하든 감성적인 배우를 택하든 그건 당신 마음입니다. 하지만 당신의 마음을 정하기에 앞서 질문 하나 하게 해주시죠. 사람은 몇 살에 위대한 배우가 될까요? 열기로 가득 차고 핏줄 속에 피가 끓어넘치고, 가장 가벼운 충격으로도 마음 깊숙이 상처가 남고 가장 작은 불씨에도 정기가 타오르는 나이일 때요? 제 생각엔 그렇지 않습니다. 천부적인 배우로 태어난 사람이라 해도 그의 예술 안에서 오랜 경험을 획득한 뒤, 격앙된 정열이 잔잔해지고 머리가 차분해진 때에만 탁월해질 수 있지요. 가장 좋은 품질의 포도주라도 발효되는 동안엔 시고 떫어요. 질이 좋아지려면 통 속에서 오랜 시간을 지내야 하죠. 제가 보기에 키케로, 세네카, 플루타르크는 인간의 세 가지 시기를 표상하고 있는 듯합니다. 제게 키케로는 어쩌다 눈을 즐겁게 해주는 짚더미 불일 뿐입니다. 세네카는 제 눈을 해치는, 포도덩굴이 타는 불이고요. 반대로 늙은 플루타르크의 재들을 뒤적거려보면 저를 부드럽게 데워줄 법한 숯단지 속 큼직한 숯들을 발견할 것 같습니다.[33]

---

[33] 이런 비유들은 『문학 통신』 1769년 12월호에 실린 디드로의 한 기사에도 나오며, 후에 디드로는 이를 『클로디우스와 네로의 통치론』 속에서 다시 취한다.

바롱[34]은 예순 살이 넘어서도 에식스 백작[35]과 크시파레스,[36] 브리타니쿠스[37] 등을 연기했고, 그것도 아주 잘 연기했어요. 고생은 쉰 살에도 「신탁」과 「피후견인」에서 매혹적인 연기를 펼치더군요.[38]

2 : 그 여자는 별로 자기 역할에 맞는 얼굴이 아니던데요.

1 : 그렇죠. 아무리 탁월해도 연극에서 뛰어넘을 수 없는 장애물들 중 하나가 바로 그거랍니다. 무대 위에서 오랜 세월을 보냈어야 할 수 있는 역할을 아주 젊은 배우가 해야 할 때가 종종 있지요. 열일곱 살에 모님[39]과 디동,[40] 필셰

---

34 미셸 바롱(1653~1729)은 몰리에르의 권유를 받아들여 1691년에 연극을 포기했다가 29년 동안의 공백 뒤인 1720년 4월, 무대 위에 다시 나타났던 배우이다. 그의 나이 예순여덟 살일 때였다.

35 같은 해 바롱은 토마스 코르네유의 「에식스 백작」에도 출연했다. 이 작품은 1720년 11월 16일부터 12월 14일까지 코메디 프랑세즈에서 재공연되었다.

36 플루타르크 영웅전에 기초한 라신의 「미트리다트」에 나오는 인물.

37 카이사르의 다른 이름. 여기서는 라신 비극 「브리타니쿠스」의 주인공 이름.

38 폴랭의 「신탁」은 1740년 3월 22일 초연되었고, 파강의 「피후견인」은 산문으로 된 희극으로서 1734년에 쓰였다. 잔 카트린 고생(1711~1767)은 1763년 무대에서 은퇴했지만, 50대의 나이에도 불구하고 「신탁」에서 사랑에 빠진 젊은 여인 뤼생드 역을 맡아 큰 성공을 거두었다. 디드로는 여기서 이 두 연극이 재공연되었던 1763년 5월을 떠올리고 있다.

리,[41] 에르미온[42] 같은 역할을 할 수 있는 여배우가 있다면 그건 다시없는 기적이겠죠.[43] 하지만 늙은 배우는 기력이 다 빠져나갔을 때만, 혹은 연기의 탁월함으로도 그 역할과 노쇠함의 부조화를 어찌해볼 수 없을 때만 우스꽝스러울 뿐이랍니다. 그건 사회에서나 연극에서나 마찬가지죠. 사회에서는 어떤 여성한테 악덕을 가려줄 만한 어떤 재능이나 다른 장점이 없을 때만, 그 여인의 바람기를 욕하거든요.

오늘날의 클레롱과 몰레[44]도 데뷔했을 때는 마치 자동인형같이 연기했고, 그런 뒤에야 진짜 배우로 두각을 나타냈습니다. 어떻게 그렇게 되었을까요? 그들이 나이를 먹어감에 따라 영혼과 감성과 내면이 그들에게 다가간 것일까요?

39 라신 비극 「미트리다트」의 한 인물.

40 그리스 신화, 베르길리우스의 「아이네이스」에 나오는 인물. 「에네와 디동」은 르프랑 드 퐁피냥의 비극으로 1734년 6월 21일에 초연되었고, 1772년 12월 23, 26, 28일에 코메디 프랑세즈에서 재공연되었다.

41 금욕적인 생활과 교회 옹호로 유명했던 동로마 제국의 여황제이자 코르네유의 동명 희곡의 인물.

42 호메로스의 「일리아스」와 에우리피데스의 「안드로마케」에서 따온 라신 비극 「앙드로마크」의 여주인공.

43 이는 로쿠르(1756~1815)를 가리키는 것이다. 그녀는 열일곱 살인 1772년 12월 23일에 데뷔해 기적적인 성공을 거두었다.

44 프랑수아 몰레(1734~1802)는 1754년 10월 7일에 데뷔했지만 별로 좋은 평가를 받지 못했다. 오랫동안 지방 무대를 전전하다가 1760년 파리로 되돌아간 그는 그 이듬해에야 성공을 거두었다.

클레롱이 무대에서 은퇴하고 10년이 지난 뒤, 그녀가 다시 무대에 서고 싶어 한 순간이 딱 한 번 있습니다. 그때 그녀가 보잘것없게 연기했다면, 영혼과 감성과 내면을 잃었기 때문이겠습니까? 전혀 아닙니다. 그보다는 자신의 역할들에 대한 기억을 잃은 것이죠. 두고 볼 일입니다.

2 : 아니, 당신은 그녀가 또다시 우리 앞에 나타나리라고 생각하시나요?

1 : 그러지 않으면 권태로 죽을 거라 생각해요. 관중의 찬사와 위대한 열정을 대신할 만한 것이 뭐가 있을까요?[45] 만약 사람들이 가정하듯 남녀 배우가 정말 깊이 감정이 고조되어 있다면 한 사람은 저 위 칸막이 좌석으로 눈길을 던질 생각을 하고, 다른 한 사람은 무대 뒤편으로 미소를 보내면서 거의 동시에 둘 다 아래층 입석 관중들에게 말을 던질 수 있을까요? 또 무대 뒤 대기실로 들어가 제3의 배우더러 이제 그만 킬킬거리고 단도로 자살하러 나갈 시간이라고 알려줄 수 있을까요?[46]

---

45 이 '위대한 열정'이 그녀의 연극에 대한 사랑을 가리키는지 아니면 발벨 백작과의 오랜 관계를 암시하는 것인지는 명확하지 않다. 1773년부터 클레롱은 마르가브 근처의 상스파슈에 머물렀다. 그녀는 1787년경에 가난하고 잊힌 채로 파리로 돌아갔다.

46 감정에 빠져 있지 않고 냉정하게 계산하고 있어야 여러 배우가 복합적인 동작을 따로 또 같이 동시에 잘 해낼 수 있다는 말이다.

서로 증오하고 있는 한 남자 배우와 그 부인 사이의 무대를 당신 앞에 보여드리고 싶군요. 정답고 열정적인 애인들의 무대인데 당신께 보여드리는 그대로, 혹은 그보다 약간 더 훌륭하게 무대에서 상연되었어요. 두 배우는 자신들의 역할을 누구보다 더 잘 맞게 연기하며, 삼등석이든 칸막이 좌석이든 그 모든 관중의 계속적인 갈채를 받았지요. 우리가 열 번이고 박수와 찬사를 터뜨리는, 몰리에르의 「사랑의 원한」 4막 3장, 승리 장면에서요.[47] 남자 배우는 뤼실의 연인인 에라스트를 연기하고 여자 배우는 실제 그 남자 배우의 부인이면서 연극 속에서 에라스트의 애인, 뤼실 역을 합니다.

남자 배우

아니, 아니. 부인, 제 열정에 대해 또다시 당신에게 말하러 왔다고는 생각지 마시오.

(여자 배우: 나도 바로 그걸 당신한테 충고하고 싶은데)

이제 끝이오.

---

47 이 방백들은 디드로가 카이아바 드 레스탕두의 『희극 예술』에서 따온 것이다. 이 논고 속에서 한 장은 '방백' 혹은 '귀엣말'을 다루고 있는데, 여기서 보듯 한 여배우와 그녀의 옛 애인이었던 한 남자 배우 사이의 장면을 그리고 있다. 그들은 큰 목소리로 연기하는 대사와 달리 아주 작은 소리로는 서로를 모욕한다.

(여자 배우: 나도 그러길 바란다고)

나는 내가 회복되길 바라오. 그리고 내 마음이 당신의 마음에 대해 품고 있던 바를 잘 알고 있소.

(여자 배우: 당신에게 가당치 않게 많이)

모욕의 그림자에 대한 그토록 계속되는 노여움은

(여자 배우: 당신이 나를 모욕했다고! 나는 그런 영광을 당신한테 허락하지 않는데)

내게 당신의 무관심의 이유를 너무나 잘 밝혀주었소. 그리고 나는 경멸의 흔적들이

(여자 배우: 가장 깊은 경멸이지)

고귀한 정신들에게 특히 잘 느껴진다는 사실을 당신한테 보여드리겠소.

(여자 배우: 흥, 고귀한 사람들에게)

고백하건대, 내 눈은 다른 사람들의 눈 속에선 조금도 발견할 수 없는 매력을 당신의 눈 속에서 발견하곤 했소.

(여자 배우: 잘못 보진 않았군)

너무도 황홀하여 나는 왕의 자리보다도 그 눈들을 좋아할 것이오.

(여자 배우: 당신 장사 잘한 거라고)

나는 오로지 당신 속에서 살았소.

(여자 배우: 거짓말. 당신 거짓말했잖아)

고백하건대, 무슨 일을 겪었더라도, 모욕받았더라도 내가 거기서 해방되는 데는 여전히 많은 고통을 겪을 것이오.

(여자 배우: 짜증 나는 일이겠군)

치료하려 애썼지만 내 영혼은 이 상처로 인해 오랫동안 피를 흘릴 것 같소.

(여자 배우: 두려워할 것 없어. 치욕만이 있을 뿐)

내 모든 걸 만든 굴레를 넘어서 이젠 아무도 결코 사랑하지 않으리라 결심을 해야 할 것이오.

(여자 배우: 당신은 그 대가를 알게 될 거야)

하지만 종국엔 상관없소. 왜냐하면 당신의 증오는 사랑이 당신에게 가져다주곤 하던 심정을 그토록 여러 번 쫓아내니까.

내 맹세는 한 번도 받아들여진 적 없지만

이제 정말 마지막이오. 내 구애를 받아주시오.

여자 배우

그 모든 은총을 제게 주실 수 있겠지요.

나리, 이번에도 저를 용서하시기를.

(남자 배우: 여보, 당신 거만하군. 후회하게 될걸)

남자 배우

그럼요, 부인, 그럼요! 그렇게 하지요.

나는 당신과 결별합니다. 영원히 결별합니다.

당신은 내가 다시금 당신께 무언가 말하고 싶어 하는 이 순간 내가 죽길 원하니까요.

여자 배우

그게 나아요. 그래야 해요.

남자 배우

아닙니다. 아닙니다. 겁내지 마세요.

(여자 배우: 난 당신 두렵지 않아)

얼마나 내가 약속을 어겼는지, 당신의 영상을 마음에서 지우지 못할 만큼 얼마나 약한 심장을 가졌었던지.

내가 다시 그대에게 오는 모습을 보는 특권을 당신이 결코 갖지 못할 것임을 믿으시오.

(여자 배우: 당신이 말하고 싶은 건 운이 나쁘다는 거겠지)

여자 배우

그건 아주 헛된 일일 거예요.

(남자 배우: 여봐, 당신은 지독한 창녀야. 말하는 법을 가르쳐야겠군)

남자 배우

나는 스스로 내 가슴을 백 번이고 쳐서 뚫어버리겠소.

(여자 배우: 신의 가호가 있기를!)

만약 이런 마땅치 않은 처우를 받고도 당신을 다시 보는 그토록 비열한 행동을 한 번이라도 한다면 말이오.

(여자 배우: 그렇게 비열한 짓들을 해놓고는 왜 그것만 안 하시려고?)

여자 배우

됐어요. 더 이상 그것에 대해 말하지 마십시다.

등등입니다. 하나는 연인들 사이, 다른 하나는 진짜 부부 사이에서의 이런 이중적 무대가 끝나고, 그의 애인 뤼실 역을 한 부인을 무대 뒤 대기실로 다시 데려가면서 에라스트는 살을 떼어내듯 그녀의 팔을 꼬집으며, 그녀의 비명에 대해 가장 모욕적이고 가장 신랄한 말로 대꾸했지요.

2 : 제가 이 두 차원의 말을 동시에 들었다면 평생 다시는 극장에 발을 들여놓지 않았을 것 같군요.

1 : 만약 당신이 이 남녀 배우가 감정적이었다고 주장하신다면 저는 당신께 연인들의 무대가 감정적인지, 부부 간의 무대가 감정적인지 아니면 둘 다인지 여쭤보고 싶군요. 그런데 똑같은 여배우와 그녀의 애인인 다른 남자 배우 사

이에서 이어지는 장면의 말들을 들어보세요.[48]

애인이 말할 때, 여배우는 자신의 남편에 대해 말합니다.

"그는 비열해요, 그는 나를……라고 불렀어요. 감히 그 말을 당신께 옮기지도 못하겠네요."

그녀가 이렇게 말하자 그녀의 애인은 그녀에게 대꾸합니다. "당신은 그 말에 아무 응수도 안 했나요?" 말은 이렇게 이어지지요.

"오늘 저녁 같이 먹을까요? ─정말 그러고 싶군요. 하지만 어떻게 빠져나오죠? ─그건 당신이 알아서 할 일이죠. ─그가 알게 된다면? ─그가 알게 된다고 해서 바뀌는 건 없고, 우리는 달콤한 저녁 시간을 보내게 되겠죠. ─우린 누구한테 부탁해야 될까요? ─당신이 원하는 대로. ─그럼 우선은 기사예요. 그는 우리의 버팀목이거든요. ─그 기사 말인데, 그가 나만 질투하려 든다는 거 알아요? ─당신 말이 맞을지 아닐지도 저한테 달려 있지요."

당신 귀에 큰 소리로 들리는 무대에서, 이들은 전적으로 감성적인 사람들로 보였겠지요. 하지만 실상 그들은 당신

---

48 여기 나오는 여배우는 복잡한 사생활로 유명했던 잔 카트린 고생인 것이 거의 확실하다. 그녀는 니벨 드 라쇼세(1692~1754)의 「최신 유행의 편견」이 1735년 2월 3일 초연되었을 때 콩스탕스 역을 했고, 1741년 5월 12일에는 「멜라니드」의 멜라니드 역할을 맡았다. 여기서는 그 시절 디드로의 개인적 추억들이 작용하고 있을 수 있다.

귀에 들리지 않는 무대 아래에서만 그러했을 뿐입니다. 당신은 이렇게 외쳐대겠죠. "저 여배우는 매혹적이야. 누구도 그녀처럼 경청할 줄 알고 지적이고 우아하고 재미있고 섬세하고 보기 드문 감성으로 연기할 수는 없을 거야." 그럴 때 저, 저는 당신의 탄성에 그저 웃음을 터뜨리는 수밖에 없습니다.

그런데 이 여배우는 다른 남자 배우와 함께 자신의 남편을 속이고, 여기서 말한 기사와 함께 또 이 남자 배우를 속이고, 제3의 인물과 함께 또 이 기사를 속였어요. 마침내 기사는 그녀의 품 안에 있는 그를 목격하게 됩니다. 이 사람은 거창한 복수를 계획했어요. 그는 관객석의 가장 낮은 발코니에 자리 잡아(그때 로라게 백작은 우리의 무대를 아직 철거하지 않았습니다)[49] 자신의 존재 자체와 경멸 어린 시선으로 그 부정한 여인을 당황시켜 관객의 야유를 받게 하리라 작정했지요. 연극이 시작되고 그를 배반한 여인이 나타납니

[49] 이 구절의 의미는 1838년에 알프레드 드 뮈세가 쓴 『비극론』에서 잘 설명되고 있다. "1759년 4월 로라게 백작은 3만 리브르를 들여 극장을 수리, 무대 위의 관객을 위한 자리들을 없애버렸다. 오늘날 앙드로마크나 모님은 그들의 넓은 회랑 위에 홀로 서서 사방 60피트 이상의 넓은 공간을 걸어 다닌다. 이제 더 이상 여배우들 주변에 둘러앉아 긴 대사마다 야유를 던지는 후작 나리들이 없게 되었다." 즉, 1759년 이전까지는 무대 위에 관객석이 함께 놓여 있었다는 것을 알 수 있다.

다. 그녀는 기사를 알아보지만 연기하면서 조금도 동요되지 않고 오히려 웃으면서 그에게 말을 겁니다. "피! 아무것도 아닌 일로 화내는 비열한 불평가 같으니." 기사는 웃습니다. 그녀는 계속합니다. "당신, 오늘 오셨군요?" 그는 침묵하고 그녀는 덧붙입니다. "이런 시시한 싸움은 그만두고 당신의 마차나 앞으로 나아가게 하세요." 어떤 장면에서 이런 말을 그녀가 했는지 아십니까? 그것은 그녀가 흐느끼면서 우리에게 뜨거운 눈물을 흘리게 했던 라쇼세[50]의 가장 감동적인 장면에서였습니다. 혼동스럽겠지만 틀림없는 실화입니다.

2: 연극이 싫어지려고 하네요.

1: 왜요? 오히려 그들이 이렇게 조절을 못 한다면, 그런 연극을 보러 가면 안 되는 거죠. 제가 지금 당신께 말씀드리려 하는 건, 제가 똑똑히 본 일인데요.

개릭은 두 문짝 사이로 머리를 들이밀고는 4, 5초 간격을 두고 미칠 듯한 환희에서 온건한 기쁨으로, 또 기쁨에서 평정으로, 평정에서 놀라움으로, 놀라움에서 경악으로, 경악에서 슬픔으로, 슬픔에서 낙담으로, 낙담에서 공포로, 공포에서 절망으로 계속 표정을 바꾸고, 마지막 단계에서부터

---

50 니벨 드 라쇼세는 18세기 프랑스의 '눈물 짜기 드라마'의 기초를 세운 인물로 알려져 있다. 슐레겔은 볼테르의 「탕자」와 「나닌」을 말하면서 "감상적 드라마는 이전에 프랑스에서 라쇼세에 의해 시도되었던 바 있다"고 했다.

다시 그가 떨어져 나온 단계로 올라갈 줄 알더군요. 그렇다면 그의 영혼이 모든 느낌들을 체험할 수 있었고, 그 표정과 어울리는 이런 여러 종류의 단계를 밟을 수 있었을까요? 저는 전혀 그렇게 생각하지 않습니다. 당신도 그럴걸요. 로마의 잔해를 보는 것이 이탈리아 전체를 여행하는 것과 맞먹는 것처럼, 그 한 사람을 보는 것이 영국 여행을 하는 것과 마찬가지일 정도로 유명한 그 사람한테 당신이 뭘 요구해도, 예컨대 조그만 빵집 소년의 연기를 요구해도 그는 그것을 연기할 겁니다. 갑자기 그에게 햄릿 연기를 하라고 한다면, 마치 조금 전 작은 파이들이 무너져서 슬퍼하는 연기를 제격 해냈듯이, 허공에 대고 칼을 휘두르는 연기를 금방 해낼 겁니다.[51] 그런데 모든 사람이 자유자재로 웃다가 울 수 있나요? 우리는 개릭이냐 아니냐에 따라, 충실히 혹은 평범하게 연기를 한다고 말할 수 있을 겁니다.

저는 가끔씩 진심으로 야유를 던집니다. 너무 풀어져 있는 세상 사람들에게 진실성을 요구하기 위해서죠. 무대 위에서 저지 노르망디 출신 변호사의 역할을 하면서 극 중 누이의 죽음을 슬퍼할 때, 해군 사무관 역할을 하면서 역시 극 중 선장의 아내에게 아이를 임신시킨 일을 자책할 때, 저는 완전히 그런 고통과 수치심을 몸소 겪고 있는 듯한 기색

---

51 여기서 디드로는 햄릿과 맥베스를 혼동하고 있다.

을 보이겠죠. 하지만 제가 진짜 괴로워하는 걸까요? 부끄러워하고 있는 걸까요? 저는 극장용 작품 속에 그것들을 집어넣기 전에 그 두 역할들을 먼저 사회 속에서 해보았는데요. 사회에서와 마찬가지로 제 조촐한 코미디 속에서도 그렇지 않았습니다.[52] 그렇다면 위대한 배우란 어떤 배우인 거죠? 그는 시인이 시킨 대로, 비극이든 희극에서든 감쪽같이 잘 따라 하는 사람입니다.

스덴[53]은 「본의 아닌 철학자」를 공연했어요. 저는 이 연극의 성공에 대해 그 자신보다도 더 열렬한 관심을 갖고 있었습니다. 재능에 대한 질투는 제겐 낯설거든요. 오히려 재능 없는 것들에 무조건 진저리를 치는 편이죠. 가끔 저한테 제 문우들이 작품에 대해 조언을 구할 때 그들이 제게 바친 이런 존경심의 각별한 표현에 걸맞은 보답을 하기 위해, 제가 최선을 다하는지 아닌지 제 모든 문학의 동료들에게 물

---

52 디드로가 쓴 「그는 선한가 악한가」의 초고라 할 「연극과 프롤로그」의 14장과 19장에 넣은 장면들이다. 디드로는 해군 사무관 뒤뷔크를 보좌하는 아르두앵 씨의 역할에 자신의 성격을 투사하고 있고 실제로 그 역을 연기했다. 또 다른 에피소드는 노르망디의 변호사 르나르도와 조프랭 부인, 지조르의 변호사 푸르몽 사이의 송사에서 직접 영향받은 것이다. 오랜 세월 후 보들레르와 생플뢰리는 그 극의 공연을 시도했다.
53 미쉘-장 스덴(1719~1797)은 낙천주의적 오페라와 희극으로 18세기 부르주아 가정의 온화한 풍속화를 그려냈다고 알려져 있다.

어보세요. 아무튼 「본의 아닌 철학자」는 처음과 두번째 공연에서는 잘되지 않았고, 그로 인해 저는 마음이 안 좋았어요. 하지만 세번째 공연부터는 격찬을 받았고, 저는 기뻐 들 뜰 지경이 되었죠.[54] 다음 날 아침, 저는 마차에 올라타고 스덴을 찾아 달려갔어요. 때는 겨울이었고 무척 추웠지만 그를 찾을 수 있으리라 여겨지는 곳은 어디든지 가보았지요. 급기야 그가 생탕투안 교외 어느 한구석에 있다는 것을 알게 된 저는, 이내 그곳으로 달려갔어요. 마침내 그곳에 당도해 그를 덥석 끌어안았죠. 목이 메고 눈물이 볼을 타고 내렸지요. 이것이 감정적이고 범용한 사람의 모습입니다. 이와 달리 스덴은 미동도 하지 않고 차갑게 나를 쳐다보더니 말하더군요. "아! 디드로 선생, 아주 멋있네요!" 이것이 바로 관찰자이자 천부적 재능을 가진 사람의 모습인 거죠.

어느 날 저는 나라의 가장 중요한 직책을 차지할 만한 탁월한 재능을 가진 네케르 씨[55] 댁 식탁에서 그 일에 대해

---

54 「본의 아닌 철학자」는 1766년 12월 2일에 초연되었다. 디드로는 소피 볼랑에게 보내는 편지에서 이렇게 말하고 있다. "첫날은 죽을 지경의 싸움이 있었습니다. 교양인과 예술가, 감식안 있는 사람들이 한편이 되었고 또 다른 편에는 대중이 있었지요." 흥행 성적으로 보면 성공이었다. 초연 당일 3,353리브르가 집계되었다. 4일째 되는 날에는 낮아졌지만 7일째부터는 평균 2,500리브르가 모였다.

55 네케르는 1777년 6월 29일에 재무대신으로 임명되었다. 따라서 이 언

이야기했어요. 거기엔 문인들도 여럿이 함께 있었는데, 그 중엔 제가 좋아하고 그 또한 저를 아끼는 마르몽텔[56]도 끼어 있었지요. 그가 제게 빈정거리며 말하더군요. "당신은 볼테르가 비장한 투의 단순한 이야기에도 슬퍼하는데 스텐은 눈물짓는 친구를 보고도 냉정함을 유지한다는 이유를 들어, 볼테르는 보통 사람이고 스텐은 천재적인 사람이라고 생각하겠네요." 이런 질책이 기분에 거슬려 저는 잠자코 있었습니다. 왜냐하면 저처럼 감정적인 사람은 세상 사람들이 자신에게 반박하는 것 일체에 대해 이성을 잃은 나머지 한참 뒤에야 적합한 대답을 찾게 마련이니까요. 하지만 냉정하고 자신을 다스릴 줄 아는 사람이라면 마르몽텔한테 이렇게 대답할 수 있을 것입니다. "그런 생각이 다른 사람 입에서 나왔더라면 더 나았겠네요. 왜냐하면 당신은 스텐만큼이나 느끼는 게 없으면서도 대단히 아름다운 것들을 똑같이 만들어 낼 줄 알고, 또 당신의 이웃과 똑같은 직업을 갖고 있으면서도 그의 장점을 공평하게 감식할 수 있도록 배려해주니 말입니다. 근데 당신은 볼테르와 스텐 중에서 스텐을 더 좋아

급은 디드로가 1773년에 한 번 완성해놓은 『배우에 관한 역설』을 이 무렵에 다시 고친 것으로 추측하게 하는 단서가 되고 있다.

56 장-프랑수아 마르몽텔(1723~1799). 18세기 당대의 유명 문인. 볼테르에 의해 파리에 등장, 『잉카인들』 등 관용을 옹호하고 노예제를 비난하는 이데올로기 소설을 썼고 『백과전서』에도 참여했다.

할 생각도 없고, 볼테르를 더 좋아하고 싶어 하지도 않으니 말씀해주실 수 있겠지요? 「본의 아닌 철학자」와 「탈영자」 「구원된 파리」의 저자가 일생의 서른다섯 해를 회반죽이나 돌을 깎는 일이 아니라, 볼테르나 당신이나 나처럼 모든 시간을 호메로스와 베르길리우스와 타소와 키케로와 데모스테네스나 타키투스 같은 고전을 읽고 명상하는 데 보냈다면 그의 머리로부터 무엇이 나올 수 있었을지를요. 우리가 그와 똑같이 볼 수는 없겠지만 그는 우리처럼 말하는 법을 배울 수 있을지도 모릅니다. 저는 그를 셰익스피어의 후손 중 하나로 여깁니다. 또 이 셰익스피어를 '벨베데레의 아폴론' 이나 '검투사' '안티누스' '글리콘의 헤라클레스'[57] 등이 아니라 '노트르담의 성 크리스토프'[58]에 비교합니다. 그 미완의 거상은 조잡하게 조각되어 있어요. 그러나 그 치부를 정면으로 건드리지 않고도 우리는 모두 그 다리 사이를 통과할 수 있지요."[59]

----

57 이 모두 고대 이상미의 표준으로 여겨지고 있는 인물이나 조각상이다.
58 11세기경 형성된 기독교적 전설상의 인물로 사탄을 떠나 예수에 헌신하게 된다. 실제로 노트르담 성당에는 15세기부터 이 전설상의 인물에 대한 조각상이 있었다. 28피트 높이의 그것은 1785년에 무너졌다.
59 셰익스피어와 노트르담의 성 크리스토프의 비교는 메트라 편 『비밀 편지』에도 되풀이되고 있다. 메트라는 디드로와 볼테르 사이의 가상적 대화 안에다 그것을 끼워 넣고 있다. 이 만남이 실화라는 증거는 없다.

그런데 이제 당신께 보여드리려고 하는 또 다른 인물의 특징은 바로 이건데요. 그는 어떤 순간에는 감성 때문에 평범하고 바보스럽지만, 바로 이어지는 순간엔 질식된 감성을 뒤잇는 차가운 피 때문에 숭고해지는 인물입니다. 그런 예를 말씀드리지요.

제가 이름은 밝히지 않을 어떤 문인[60]이 극도로 궁핍한 처지에 빠지게 되었습니다. 그는 부유한 신학 교수인 형이 하나 있었어요. 저는 그 가난한 문인에게 왜 형이 도와주지 않느냐고 물었죠. 그는 제게 "그건 내가 형한테 큰 잘못을 저질렀기 때문이에요"라고 답하더군요. 그래도 저는 그 사람에게 대신 그 신학 교수를 보러 가게 해달라고 우겼고 마침내 찾아갔습니다. 하인들이 저의 도착을 알렸고, 저는 안으로 들어갔어요. 제가 그 사람에게 그의 동생에 대해 말하겠노라고 서두를 떼자 그는 갑자기 저를 팔로 잡아 앉히더니 제가 변호하려는 그 사람을 잘 알고 있는지, 제가 제정신인지 찬찬히 살펴보더군요. 그는 저를 힘차게 부르며 말했습니다. "내 동생을 아시오? ─그렇다고 생각합니다. ─그가 내게 한 소행들에 대해 알고 계시나요? ─그렇다고 생각합니다. ─그렇다고 생각하다뇨? 그럼 알고 있단 말입니까?" 그러자 그는 빠르고도 놀랍도록 격정적인 어조로 하나

60 리비에르.

같이 너무나 못되고 역겨운 자기 동생의 행실에 대해 말하기 시작했어요. 전 머리가 혼돈되고 고문당하는 느낌이었습니다. 저는 제 머리를 흐트러뜨린 그 사람만큼 혐오스러운 그 괴물을 변호할 용기를 잃어버렸어요. 그 사람이 격렬하게 동생을 공격하느라 말이 좀 많아졌던 것은, 다행스럽게도 제가 원래의 상태로 되돌아갈 시간을 주었습니다. 점차 제 안의 감정적 인간은 물러가고 웅변적 인간이 대신 자리를 차지하게 되었던 거죠. 그런 판국에 감히 다음과 같은 말을 했으니 말입니다. 저는 그에게 침착하게 말했어요. "선생님, 당신의 동생이 더 나쁜 행동을 했는데도, 그가 저지른 가장 극악한 짓은 끝내 제게 감추시는 점을 높이 존경합니다. ―저는 아무것도 감추지 않았는데요. ―제게 말씀하신 그 모든 것에 더하여, 당신이 어느 날 밤 새벽 미사에 가려고 집을 나섰을 때 그가 당신 멱살을 붙잡고 옷 속에 감췄던 단도를 들이대면서 가슴에 그것을 꽂을 뻔했던 일도 덧붙여 말씀하실 수 있을 텐데요. ―그놈은 그러고도 남을 놈이죠. 하지만 제가 그 일로 동생을 비난하지 않았다면 그런 적이 없기 때문입니다." 그러자 저는 갑자기 일어나 그 사람에게 결연하고 가혹한 시선을 쏘아대며, 있는 힘을 다해, 그것도 격노함을 과장한 커다란 목소리로 소리쳤습니다. "하지만 그것이 사실이었다 하더라도 그게 당신의 형제에게 빵을 주지 않아야 하는 이유가 됩니까?" 그는 얼이 빠지고 혼돈

상태가 되어 침묵 속에 왔다 갔다 하더군요. 그러다 급기야 제게 다가와 자신의 형제를 위해 연금을 주기로 약속했습니다.[61]

　　당신은 친구나 애인이 죽자마자 그 죽음을 애도하는 시를 쓸 수 있습니까? 아니죠. 그럴 때조차 자신의 재능을 즐길 수 있는 자에게 불행 있기를! 시를 쓸 수 있는 때는 커다란 고통의 시간이 지나가고 극단적인 감정이 가라앉고 재난을 겪은 순간으로부터 멀리 떨어져 영혼이 잔잔해진 다음, 지나가버린 행복을 기억해내고 잃어버린 것을 감상할 수 있게 될 때, 기억이 상상과 만나 하나는 그것을 반추하고 다른 하나는 가버린 시간의 달콤함을 과장하게 될 때, 바로 사람들이 자신을 제어하고 말을 잘할 수 있게 될 때입니다. 눈물이 나온다고 말하지만, 자신을 억제하며 강력한 형용사를 찾고 있을 때 사람은 결코 울고 있지 않습니다. 눈물이 나온

61 이는 메트라가 1778년 1월 10일 자 『비밀 편지』에서 말하고 있는 일화이고, 디드로의 딸 방뵐 부인의 『회고록』에도 나와 있다. 방뵐 부인과 네종이 말하는 리비에르는 파리에서 태어나 캉에서 죽었고, 『란치의 회상록』과 『행복의 방법, 혹은 시테르 사원』 등의 소설을 썼다. 노트르담의 신학자였던 그의 형은 보나방튀르 리비에르로서, 펠베르란 이름으로 알려져 있던 인물이다. 그는 루앙에서 태어나 1781년 1월 19일에 사망했으며 『신학 논고』 및 『자연 종교와 계시 종교의 차이에 대한 편지』의 저자였다. 그 신학자가 궁정에서 설교한 이후, 그의 동생은 그 설교들을 자기가 썼다고 주장하여 형의 출세를 막았다.

다고 말하지만 조화로운 운율을 만드는 일에 골몰하고 있을 때 그는 울고 있는 게 아니죠. 만약 진짜 눈물을 흘리고 있다면 펜은 손에서 떨어질 것이고, 감상에 빠져 글쓰기를 멈출 수밖에 없으니까요.

하지만 깊은 고통만큼이나 격렬한 기쁨도 있습니다. 그럴 때 우리는 말을 잃게 되겠죠. 어느 정겹고 감성적인 사람이 오랫동안 떠나 있느라 못 보던 친구를 다시 보게 된다고 칩시다. 그 친구가 예기치 못한 순간 다시 나타났을 때 그의 심장은 두근거리겠죠. 그는 뛰어가 친구를 껴안고 말을 나누고 싶어 하지만 그럴 수 없어요. 그에게선 그저 토막 난 단어들이 더듬더듬 튀어나올 뿐이죠. 무엇을 말할지 모르고, 친구가 하는 대답도 전혀 들리지 않고요. 하지만 이런 들뜬 상태를 상대방과 공유하고 있는 게 아니란 사실을 눈치챌 때, 그는 또 얼마나 고통스러울까요! 그런 모습의 진실됨에 비추어, 재치 넘치고 스스로를 잘 통제하는 두 친구의 연극적 대담은 실상 거짓된 거죠. 죽느냐 사느냐 하는 그 따분하고 웅변적인 토론들에 대해서 제가 당신께 무슨 말인들 못 하겠어요? 끝나지 않을지도 모르는 그 텍스트가 우리를 주제로부터 벗어나게 한다 해도 말입니다. 하지만 위대하고 진실한 취미를 지닌 인간들을 위해서라면 이 정도로 충분합니다. 덧붙여봤자 다른 사람에게 도움이 될 거라고는 하나도 없을걸요. 하지만 누가 연극에 그토록 널리 퍼져 있는 부조리를 구원할까요? 바로 배우죠. 그러면 어떤 배우일까요?

감성은 무대 위나 사회 속에서나 똑같이 해롭고, 오히려 천 배는 더 해롭습니다. 자, 두 연인이 있다고 해봅시다. 그들은 서로 고백할 말이 있지요. 누가 그런 난처한 상황을 더 잘 극복할까요? 그건 저 같은 사람이 아닙니다. 돌이켜 생각해보면, 저는 언제나 벌벌 떨면서 사랑하는 사람에게 다가가곤 했어요. 심장은 벌떡거리고 생각들은 온통 뒤죽박죽이 되곤 했고요. 목소리도 꼬이고 말하는 모든 내용이 이상해졌죠. 저는 '네'라고 해야 할 때 '아니요'라고 대답했고, 수천 가지 서투른 짓과 끝없는 실수를 해댔어요. 저는 머리부터 발끝까지 우스꽝스러웠고, 그러한 사실을 의식할수록 더욱더 우스꽝스러워졌어요. 그러는 사이 바로 제 눈앞에 명랑한 라이벌이 하나 나타났습니다. 그는 재미있고 가벼우면서도 스스로를 잘 통제할 줄 알고, 자기 자신을 잘 즐길 줄 알고, 또 상대방을 칭찬할 수 있는 어떤 기회도 놓치지 않고, 그것도 아주 섬세하게 칭찬하면서 웃기고 즐겁게 하는 참 운도 좋은 사람이었지요. 그는 상대방의 손을 끌어당겨 자기 손에 내맡기게 했고, 가끔씩은 유혹 없이도 서로 손을 맞잡기도 하고, 손에 입 맞추고 또 한 번 맞추고 계속 그러더군요. 저는 한쪽 구석에 파묻혀 울화를 돋우는 그 광경으로부터 시선을 돌리면서 주먹을 꽉 쥐었어요. 손가락에서 우두둑거리는 소리마저 나더군요. 우울함으로 괴로워하면서, 식은땀으로 온통 뒤덮여서, 제 고통을 내놓고 드러내지도 숨기지도 못하고 있었던 거죠. 사랑은 재기 있는 사람에게선 재기를 빼앗아가고, 재기가 없던 사람에겐 재기를 준다는 말이 있지요. 다르게 말해, 사랑이 어떤 사람들을 감성적이고 바보스럽게 만든다면, 다른 사람들은 차갑고 대담하게 만들어주는 거죠.

감성적인 사람은 자연의 충동에 복종하고 꼭 심장의 외침 소리만을 낼 수 있을 뿐이지요. 그가 이 마음의 외침을 완화시키거나 강화시키는 순간, 비로소 그는 더 이상 그 자신이 아니라 연기를 하는 배우가 되는 겁니다.

위대한 배우는 현상을 관찰합니다. 감성적인 인간을 모델로 삼아 그를 깊이 숙고하고 사색과 명상을 거듭함으로써, 최선의 상태를 위해 덧붙이거나 떼어내야 할 것을 발견해냅니다. 그리고 이성 외에 사실들도 염두에 둡니다.

「카스트로의 이네스」[62]를 처음 공연한 날, 아이들이 나오는 장면에 관객석에서 웃음이 터져 나왔어요. 이네스 역을 맡은 뒤클로[63]는 화가 나서 관객석에다 대고 말했죠. "이 연극에서 가장 아름다운 장면에서 웃을 테면 웃어보세요,

---

62 「카스트로의 이네스」는 앙투안 우다르 드 라모트(1672~1731)의 비극으로서 1723년 4월 6일에 초연되었다.

63 안-마리 샤토뇌프, 일명 뒤클로 양은 1664년 생으로 이네스 역할을 연기할 때 이미 쉰아홉 살이었다.

바보 같은 관객들 같으니"라고. 관객들은 그녀의 말을 듣고
는 잠잠해졌어요. 그 여배우는 다시 연기했고 그녀와 관객
은 눈물을 흘렸습니다. 그럼 뭡니까! 우리가 이렇게 내밀한
감정에서 다른 내밀한 감정으로, 즉 고뇌에서 짜증으로, 짜
증에서 고뇌로 자유자재 왔다 갔다 할 수 있을까요? 잘 모르
겠군요. 그래도 제가 잘 아는 것은 뒤클로의 짜증은 진짜였
던 반면, 그녀의 고통은 가짜였다는 점입니다.

키노-뒤프렌은 「폴리외크트」에서 세베르 역할을 맡았
습니다.[64] 세베르는 기독교인들을 박해하기 위해 데시우스
황제로부터 파견된 사람이었죠. 그는 친구에게 이 박해받는
종파에 대한 비밀스러운 감정[65]을 털어놓습니다. 그는 상식
에 입각해 이런 속내 이야기를 낮은 목소리로 연기했어요.
왕의 총애를 잃을 뿐 아니라 권위, 재산, 자유, 아마도 목숨
까지 대가로 내놓게 할 수 있는 이야기니까요. 하지만 관중
은 소리쳤어요. "더 크게." 그러자 그는 관객들에게 대답했
어요. "여러분이 더 조용해져야 합니다"라고. 그가 진짜 세
베르였나요? 곧바로 키노로 되돌아갔던 그 사람이요? 아니
죠. 단연코 아닙니다. 그렇게 가면을 벗었다 다시 쓸 수 있

64 1741년 은퇴하기 전, 키노-뒤프렌은 1737년 3월 20일 마지막으로 코
르네유의 「폴리외크트」에서 세베르로 출연했다. 따라서 디드로는 여기서
1737년 이전의 개인적인 기억을 떠올리고 있는 듯하다.
65 기독교도에 대한 호의적인 감정.

는 그는 아마도 늘 그래왔듯 스스로를 잘 통제하는 사람, 드물게 뛰어난 배우였던 겁니다.

니니아스[66]를 연기하던 르캥은 그 아버지의 무덤 속으로 내려가 거기서 어머니의 목을 베고 피 묻은 손으로 나왔습니다. 공포로 가득 차 사지를 떨어대면서 말이죠. 그의 눈은 풀리고 머리카락은 뻣뻣하게 곤두서 있는 듯해서 당신도 보면 사지가 떨리는 듯할 겁니다. 공포가 당신을 붙잡고 당신도 그만큼이나 광란에 휩싸이는 듯하겠죠. 하지만 르캥-니니아스 자신은 그 와중에 어느 여배우의 귀에서 떨어진 다이아몬드 귀걸이를 출연자 대기소 쪽으로 발로 차 넣었습니다. 이 배우가 진짜 공포를 느끼고 있을까요? 그럴 리가 없죠. 그렇다고 그를 형편없는 배우라고 할까요? 전혀 그렇게 생각하지 않습니다. 그럼 도대체 니니아스를 연기하는 르캥은 어떤 사람이지요? 아무것도 느끼지 않지만 탁월하게 감정을 나타낼 줄 아는 사람이지요. 그가 "나는 어디에 있는가?"라고 외쳐봤자 소용없어요. 저는 그에게 대답할 겁니다. "네가 어디 있느냐고? 그건 네가 잘 알 텐데. 무대 위에 있지. 너는 출연자 대기소 쪽으로 귀걸이를 발로 밀어내는 그 사람이잖아"라고.

어떤 남자 배우가 한 여배우에게 연정을 품었는데 우연

---

66 볼테르의 「세미라미스」의 인물.

히도 그들이 어떤 연극에서 질투에 빠진 순간을 함께 연기하게 되었다 칩시다. 그가 평범하다면 정열 덕분에 그 장면 연기를 더 잘하겠죠. 하지만 그가 제대로 된 배우라면 오히려 그 정열 때문에 연기를 망칠 겁니다. 그럴 때 위대한 배우는 오히려 현실의 자기 자신이 되고 정말 질투하는 자가 되어, 이상적이고 숭고한 모델과는 멀어지죠. 그 증거는 그럴 때 그 남자 배우와 여배우는 서로 일상적인 삶의 수준으로 강등된다는 점이에요. 잔뜩 재면서 연기한다 해도 오히려 서로를 비웃을 것이기 때문입니다. 비극적이고 부풀려진 질투는 종종 실제 자신들의 질투를 전시하는 것으로밖에는 보이지 않을 테니까요.

2 : 하지만 자연의 진실이란 것도 있을 텐데요.

1 : 나쁜 모델을 충실히 따르는 조각가의 작품에 그런 것이 있듯이 말이죠. 사람들은 진실을 찬양하지만, 진짜와 똑같은 것은 초라하고 형편없을 뿐입니다.

나아가 저는 다음과 같이 말하고 싶군요. 시시하고 별 볼 일 없게 연기하는 확실한 방법은 자기 자신의 성격을 연기하는 것이라고요. 당신이 한 사람의 타르튀프(위선자), 아바르(수전노), 미장트로프(인간 혐오자)[67]라면 그런대로 잘

---

67 모두 원래는 몰리에르 희극의 제목이자 등장인물의 이름들이었으나, 워낙 유명해져 보통명사처럼 쓰인다.

연기하겠죠. 하지만 시인이 창조한 그 자체에는 범접도 못
할걸요. 왜냐하면 그는 위선자·수전노·인간 혐오자의 전형
을 만들었기 때문입니다.

　　2: 한 사람의 위선자와 전형으로서의 위선자가 뭐가 다
르지요?

　　1: 부대신 빌라르는 한 사람의 위선자이고, 그리젤 사
제도 하나의 위선자죠. 하지만 전형으로서의 위선자는 아닙
니다. 금융가 투아나르는 하나의 수전노이지만 수전노의 전
형은 아니죠.[68] 전형으로서의 수전노와 위선자는 세상의 그
모든 투아나르들과 그리젤들을 따라 만들어졌어요. 그들의
가장 일반적이면서 두드러지는 특징들을 따라서요. 하지만
그렇다고 그 전형이 그 누구에 대한 정확한 초상화는 아니
에요. 또한 그 누구도 자기가 바로 그 사람이라고는 생각하
지 않지요.

　　시적 감흥 넘치는 희극들과 마찬가지로 성격희극들도
과장되어 있어요. 사회의 농담은 무대 위에서는 별것 아닌
가벼운 거품에 지나지 않아요. 반대로 연극에 나오는 농담
은 사회에서라면 사람들에게 상처를 입힐 수 있는 날카로운

---

68 회계총감 빌라르는 1769년 부도를 내 수많은 사람을 파멸시켰다. 그
는 1772년에 처형되었다. 그의 영적 지도자 그리젤 신부도 그 일에 개입
되어 있었고, 볼테르는 그 점을 조롱한 바 있다. 역시 부자이고 매우 탐욕
스러웠던 농업상 투아나르는 이전 세대에 속하는 인물이다.

흥기죠. 사람들은 현실적인 존재들에게 가질 법한 조심성을 상상적인 존재들에게는 갖지 않는답니다.

풍자가 위선자 한 사람에 대한 것이라면, 희극은 「타르튀프」에 나오는 전형적 위선자에 대한 것입니다. 풍자는 악한을 문제 삼고 희극은 악덕 자체를 문제 삼지요. 우스꽝스러운 재녀들이 세상에 한두 명뿐이라면 사람들은 풍자도 희극도 만들지 못하겠지요.

라그르네한테 가서 '회화'를 그려보라고 해보세요. 그는 작업대 앞에서 엄지손가락에 팔레트를 끼고 다른 손으론 붓을 들고 있는 여인을 캔버스 위에 그려 넣고는 당신의 요구를 충족시켰다고 믿을 겁니다. 그에게 또 '철학'을 그리라고 해보세요. 한밤중 책상 앞에 속옷 바람으로 앉아 불빛을 받으며 머리를 헝클어뜨린 채 사색에 잠겨 무언가 읽거나 팔을 괸 여자를 그려놓고는, 철학의 형상을 만들어놓았다 생각하겠죠. '시'를 그리라고 해보세요. 그는 똑같은 여자가 머리에 월계관을 두르고 손에는 종이 두루마리를 들고 있는 그림을 그릴 겁니다.[69] '음악'이라면 두루마리 대신 리라를 들고 있겠죠. 그에게 '미美'를, 그보다 능란한 다른 화가에게도 미의 형상을 그리라고 해보세요. 내가 틀린 게 아니라면

---

[69] 1767년 살롱에 출품되어 디드로의 손에 들어왔던 라그르네의 작은 그림들, 「시」와 「철학」을 일컫는 것.

그 사람은 당신이 그의 예술에 아름다운 여인의 얼굴을 그려달라 요구했다고 생각할 겁니다. 당신의 배우도 이 화가도 둘 다 빈틈이 있을 겁니다. 저는 그들에게 이렇게 말하겠어요. "당신의 그림과 당신의 연기는 시인이 그린 보편적인 관념, 제가 닮고자 하는 이상적 모델에서 한참 떨어진 개개인의 초상들에 지나지 않네요. 당신의 이웃집 여자는 아름답지요. 아주 아름다워요. 인정합니다. 하지만 미의 전범은 아닙니다. 당신의 작품이 당신의 모델로부터 떨어져 있는 만큼이나 당신의 모델은 이상에서 멀어져 있어요."[70]

2 : 하지만 이 이상적 모델이란 하나의 환상에 지나지 않는 것이 아닐까요?

1 : 아니요.

2 : 그보다는 이상적이기 때문에 존재하지 않는다고 하는 편이 낫겠군요. 감각 속에 존재하지 않는 것을 지각할 수는 없지요.[71]

1 : 맞아요. 하지만 예술을 그 기원으로부터 보도록 하죠. 예를 들어 조각은 처음에 앞에 있는 하나의 모델을 모방했겠죠. 하지만 조각은 가장 좋다고 생각하던 것보다 더 완벽한 모델들이 있다는 것을 곧이어 알게 되었습니다. 또 이

---

70 디드로의 예술 평론집 『살롱 1767』 중 서문에서 추출된 미 이론.
71 콩디야크의 철학과 같은 맥락이다.

모델들의 서투른 결함들을 고친 다음에는 그보다 덜 서투른 결함들을 고쳤고, 오랫동안 이어진 작업을 거쳐 자연에 결코 존재한 적이 없었던 어떤 형상에 도달한 거죠.

2 : 왜죠?

1 : 왜냐하면 동물의 몸처럼 복잡한 기계의 진화가 규칙적일 수는 없기 때문이죠. 아름다운 축제의 날, 튈르리 공원이나 샹젤리제 거리를 채울 그 모든 여인들을 떠올려보세요. 입매 하나 완전히 똑같이 생긴 사람을 절대 발견하지 못할 겁니다.[72] 티치아노의 「다나에」[73]는 하나의 초상화일 뿐입니다. 잠자리의 발치에 그려진 큐피드는 하나의 이상이지요. 티에르 씨의 화랑에서 예카테리나 2세의 화랑으로 옮겨진 라파엘로의 한 그림[74] 속에서 성 요셉은 한 사람의 평범

---

72 『살롱 1767』에서 디드로는 이렇게 말하고 있다. "날씨 좋은 어느 날 우리의 공원 산책로를 채우고 있는 수많은 머리들 중에서 옆모습이 비슷한 사람은 하나도 없고, 한 사람 안에서도 입의 양쪽이 똑같은 경우도 없다."

73 펠리페 2세가 주문한 티치아노의 「다나에」는 1554년경 그려진 작품으로 마드리드 프라도 미술관에 있다. 하지만 글래스고와 나폴리, 에르미타주 미술관에도 여러 버전이 있다. 여기서 언급되는 것은 나폴리에 위치한 카포디몬테 미술관 버전이다.

74 「성 가족La Sainte Famille」. 일반적으로 「어린 요셉을 안은 마돈나」라고 불리는 작품으로 17세기에는 앙굴렘 공작 소유로 되어 있었는데, 18세기엔 크로자의 소장품으로 넘어갔다. 1771년, 디드로는 예카테리나 여

한 자연인입니다. 동정녀 마리아는 현실의 아름다운 한 여인이고요. 그런데 아기 예수는 이상입니다. 하지만 예술의 이러한 사변적인 원칙들에 대해 더 알고 싶으시다면 제『살롱』들을 참조하시면 될 거예요.

2 : 저는 예민한 취향과 섬세한 정신을 가진 한 남자가 그것에 대해 칭찬하는 말을 들었습니다.

1 : 쉬아르 씨[75] 말씀이시죠.

2 : 천사 같은 영혼의 순수성과 취향의 섬세함을 모두 가진 한 여인도 그것을 칭찬하더군요.

1 : 네케르 부인 말씀이군요.

2 : 하지만 우리 주제로 다시 돌아가죠.

1 : 그러죠. 이토록 무익한 문제들에 대해 토론하느니 덕을 찬양하고 싶지만 말입니다.

2 : 오만한 성격의 키노-뒤프렌은 오만한 사람 역할을 훌륭하게 연기했지요.[76]

제를 위해 크로자 드 티에르의 상속인이었던 브로글리 공작에게서 그것을 사는 일을 대행했다.

75 장-바티스트-앙투안 쉬아르(1732~1817). 당대의 작가이자 저널리스트.

76 키노-뒤프렌은 1741년 2월 13일과 3월 4일, 마지막 공연으로 극작가 데투슈의 「우쭐대는 백작 *Le Glorieux*」에 출연했다. 그가 마치 다른 사람은 할 수 없을 정도로 연기를 잘했던지, 1749년까지 그 극은 다시 상연되지 않았다.

1 : 맞아요. 하지만 무슨 근거로 그가 자기 자신 그대로를 연기했다고 보시나요? 혹은 왜 자연이 이상적인 아름다움과 현실적인 아름다움을 구별하는 경계, 여러 가지 유파들이 작용하고 있는 그 경계에 매우 근접한 하나의 오만한 존재를 창조하지 않았으리라 보십니까?

2 : 잘 이해 못 했어요.

1 : 이에 대해선 제 『살롱』들에 보다 명확히 표현되어 있습니다. 보편적인 미에 대한 부분을 읽어보시라고 권하고 싶군요.[77] 하지만 먼저 말씀해주세요. 키노-뒤프렌이 오로스만인가요? 아니죠. 하지만 그 역을 연기하는 데 누가 그를 대신할 수 있었고 또 앞으로도 그럴 수 있을까요? 그는 「최신 유행의 편견」에 나오는 바로 그 사람인가요?[78] 아닙니다. 하지만 그가 얼마나 실감 나게 그것을 연기했나요?

2 : 당신 말을 듣자니, 위대한 배우란 전부이면서 아무것도 아닌 그런 존재겠군요.

1 : 아마도 오직 탁월함 여부에 따라 전부가 아니면 무無가 되기 때문에 그럴 겁니다. 그 특유의 형식은 그가 취해야 하는 여러 형식들과 조금도 모순되지 않습니다.

---

[77] 『살롱 1767』의 서문을 말한다.

[78] 니벨 드 라쇼세의 「최신 유행의 편견」은 1735년에 초연되었다. 키노-뒤프렌은 1740년 9월과 1741년 1월 16일 무대에서 마지막으로 그 역을 맡았다.

배우 혹은 세속의 설교자[79]라는 꼭 필요하고 훌륭한 직업을 가진 모든 사람들 중에서도 가장 훌륭한, 그 직업에 필요한 최적의 용모와 어조와 거동을 갖춘 사람들 중 하나는 『절름발이 악마』에서 형제 역을 했고, 『질 블라스』,[80] 『살라망크의 학사』에 나온 몽메닐입니다.

2 : 이 재미있는 집안의 아버지는 르사주고 그 사람은 그의 아들이죠.[81]

1 : 또 「피후견인」의 아리스트, 「타르튀프」의 타르튀프, 「스카팽의 계략」의 마스카릴,[82] 익살극 「파틀랭」[83]의 변호사나 기욤 씨 역할들도 똑같이 성공적으로 해냈습니다.

2 : 저도 그걸 봤어요.

1 : 당신한텐 아주 놀라울 일이겠지만, 그는 갖가지 얼

---

79 배우들에게 설교자라는 호칭을 부여하는 것은 이미 『『사생아』에 대한 대담』에서 발견된다.

80 『절름발이 악마』와 『질 블라스』는 르사주(1668~1747)의 소설이며 18세기에 연극으로도 공연된 것으로 보인다.

81 디드로는 자신의 『농아에 관한 서한』에서 르사주의 아들을 "모방할 수 없는 몽메닐"이라며 칭찬하고 있다.

82 타르튀프와 마스카릴은 모두 몰리에르 희곡들의 인물로, 특히 마스카릴은 유쾌하고 창의적인 하인의 전형으로서 「우스꽝스러운 재녀들」 등 몰리에르의 다른 작품들에도 나온다.

83 이 중세의 익살극은 브뤼이나 팔라프라에 의해서 당시의 취향에 맞춰 공연되었다.

굴의 가면을 갖고 있었지요. 그게 자연스러운 일은 아니었을 겁니다. 자연은 그 자신의 얼굴 말고는 준 게 없거든요. 그는 예술 덕분에 다른 얼굴들을 지니게 된 거죠.

과연 인공적인 감성이란 게 있을까요? 하지만 가공적이건 생득적인 것이건 감성이 모든 역할 속에서 나타나진 않지요. 그렇다면 「수전노」 「노름꾼」 「아첨꾼」 「꾸지람쟁이」 「본의 아닌 의사」에서의 위대한 배우를 만드는, 습득되거나 선천적인 자질이란 무엇일까요? 「부르주아 귀족」 「상상병 환자」 「의처증 환자」[84]에서 늘 시詩가 상상하는 것보다 더 몰인정하고 더 부도덕한 존재로 그리는 그 자질 말입니다. 네로[85]와 미트리다트,[86] 아트레,[87] 포카스,[88] 세르토리우스,[89] 기타 여러 비극과 희극의 인물들에게서 감성은 그 역할의 본질과 수직적으로 대립되지 않나요? 그런 자질이란 바로 그 모든 본성들을 알고 모방을 수월하게 잘하는 능력입니다.

84 이 문단에서 언급된 작품은 모두 17세기 작품들로서 대부분 몰리에르의 희극이고, 「노름꾼」은 르냐르, 「꾸지람쟁이」는 브뤼이, 「아첨꾼」은 장-바티스트 루소의 작품이다.

85 로마의 장군으로서, 코르네유의 동명 비극에 나온다.

86 로마의 유명한 폭군이자 라신 비극 「브리타니쿠스」에 나오는 인물.

87 라신의 동명 비극의 인물.

88 그리스 신화와 아이스킬로스, 에우리피데스 등의 작품들에 나오는 인물들로, 18세기 크레비용과 볼테르의 비극에도 나온다.

89 비잔틴의 전제 군주(?~610)로 군중에 의해 살해된 인물.

저를 믿으세요. 모든 현상들에 한 가지 이유만 있으면 충분한데도 다른 이유들을 자꾸 늘려가지 말자고요.

때로 시인은 배우보다 더 강력하게 느끼지만, 배우는 시인보다 때때로, 아니 어쩌면 종종 더 이해력이 있습니다. 자신의 희곡 작품들을 연기하는 클레롱의 목소리를 들으면서 내뱉은 볼테르의 감탄보다 진실된 것은 아무것도 없을 겁니다. "이것을 만든 사람이 정녕 나인가?" 클레롱이 작품에 대해 볼테르보다 더 잘 아는 걸까요? 적어도 이 순간, 낭독할 때 클레롱이 취한 이상적 모델은 시인이 극을 쓰면서 마음에 품었던 이상적 모델보다 한참 더 높은 곳에 있지만, 그렇다고 해서 그것이 그녀 자체는 아닙니다. 그렇다면 그녀의 재능은 무엇일까요? 그것은 위대한 환영을 상상해내고 천재를 모방할 줄 아는 재능이지요. 그 여자는 자신보다 높이 있는 강력한 존재의 움직임과 행동들과 동작들, 그 모든 표현을 모방했어요. 데모스테네스의 기도를 낭송하는 아이스키네스라도 결코 낼 수 없을 짐승의 울부짖음 소리를 냈지요. 그는 자신의 사도들에게 이렇게 말했습니다. "만약 이것이 그대들을 그토록 감동시킨다면 이건 어떤가, 'Si audivissetis bestiam mugientem?'[90]" 시인이 끔찍한 동물을 낳았다면, 클레롱은 그 동물이 포효하게 했던 거죠.

90 "만약 당신이 야수가 으르렁거리는 소리를 들었다면"의 라틴어 대사.

모든 본성, 잔인한 본성들조차 쉽게 내보일 수 있는 성질을 감성이라 부른다면 이 단어를 괴상하게 남용하는 겁니다. 지금까지 감성이란 용어에 사람들이 부여해온 독보적인 의미를 따를 때, 감성은 동정하고, 떨고, 찬양하고, 두려워하고, 거북해하고, 울고, 기절하고, 구출하고, 도망치고, 비명 지르고, 이성을 잃고, 과장하고, 경멸하고, 무시하고, 진선미에 대한 명확한 관념이 전혀 없고, 불공정하고, 제정신이 아닌 경향이 있는 신체 기관의 허약함과 횡격막[91]의 일련의 움직임과 상상력의 활기에 신경의 섬약함 등이 함께하는 기질인 듯합니다. 감성적인 영혼들을 늘려보세요. 그러면 당신은 모든 종류의 좋고 나쁜 행동에 대한 찬사들과 과장된 비난들을 똑같은 비율로 늘리게 될 것입니다.

시인들이여, 섬약하고 우울하고 감성적인 민족을 위해 일하고 있습니까? 라신의 조화롭고도 부드럽고 감동적인 비가 속에 침잠해보십시오. 그 민족은 셰익스피어의 그 피비린내 나는 세계들로부터 도망칠 것입니다. 그런 섬약한 영혼들은 격렬한 충격들을 견딜 수 없으니까요. 그들한테 너무 강렬한 이미지를 제시하는 일은 극히 자제하십시오. 부디 그들에게 다음과 같은 대사들을 보여주세요.

91 이 횡격막 이론은 『달랑베르의 꿈』에 나오는 의사 보르되의 설로서, 횡격막을 감성의 생리적 중추로 보는 것이다.

아버지의 살인자를 너무도 증오하는 아들은
머리를 손에 묻고 그 보상을 요구하고 있도다.[92]

하지만 더 이상 나가진 마세요. 만약 당신이 그들에게 감히
호메로스처럼 "불행한 자여, 어디로 가는가? 하늘이 불행한
아비들의 자식들을 내게 보냈다는 걸 그대는 모르는구나.
그대는 어머니의 마지막 손길도 받지 못하리라. 나는 이미
땅에 늘어져 있는 걸 본다. 먹이를 찾는 새들이 너의 시체
주변에 모여 기쁨의 날갯짓을 하며 네 머리에서 눈을 파먹
는 게 보인다"고 말하려 든다면, 모든 여성들이 머리를 돌리
며 "아! 끔찍해!"라고 소리 지르겠죠. 만약 위대한 배우가 그
런 말을 지극한 탄식과 함께 하면 더 나빠질 거고요.

　2 : 말씀 중에 끼어들고 싶군요.[93] 베르지의 가브리엘에
게 바쳐진 그 항아리, 연인의 피 흘리는 심장이 보이는 그
항아리에 대해 어떻게 생각하시는지요.[94]

---

92 코르네유, 「신나」, 1막 3장, 201~202행.
93 여기서 디드로의 동료이자 추종자였던 네종의 필사본에는 없는 두 개
의 여담이 시작되고 있다. 하나는 그리스 연극의 대담함에 대한 것이고,
다른 하나는 디드로의 미완성 희곡 「보안관 *Le Shérif*」을 말하는 부분이다.
94 피에르-로랑 뷔레트 드 벨루아(1727~1775)의 비극 「베르지의 가브리
엘」의 무대. 이 작품은 1777년 7월 12일에 상연되었지만 책으로 나온 건
1770년이었다.

1 : 일관성을 지키는 게 중요하다고 대답하겠습니다. 우리가 그런 장면에 대해 반감을 가진다면, 오이디푸스가 눈을 파인 채 나타나는 것을 허용하지 않을 것이고, 부상으로 고통스러워하면서 단말마의 비명을 내지르는 필록테테스[95]를 무대로부터 추방할 게 틀림없어요. 제가 보기에 고대인들은 비극에 대해 우리와 다른 생각을 갖고 있었던 것 같아요. 이 고대인들이란 바로 그리스인들, 아테네 사람들을 말하는데요. 매우 세련된 이 민족은 모든 장르에 걸쳐 다른 민족들과는 조금도 견줄 수 없을 만한 전범들을 우리에게 남겼지요. 아이스킬로스, 소포클레스, 에우리피데스가 여느 저녁 식사 시간의 활기 속에 사라지고 말 소소한 인상들을 드러내려고 온 생애를 바친 것은 아니랍니다. 그들은 불행한 사람들의 운명에 대해 깊이 함께 슬퍼하게 하려 했어요. 동포들을 즐겁게 하기만을 원하기보다는 그들이 더 고양되길 원했던 거죠. 그 시인들이 맞았나요? 틀렸나요? 그런 결과를 내기 위해 그들은 복수의 여신들Euménides이 무대 위에서 뛰어다니게 했지요. 복수의 여신들은 존속 살해의 자취를 따라가면서, 후각을 어지럽히는 피의 안개에 휩쓸려갔어요.[96] 그 시인들은 너무도 분별력이 있었기에, 어린이들이

---

95 소포클레스의 비극 중에서처럼.

96 디드로의 『대학 설계안』 및 『「사생아」에 대한 대담』에서도 똑같은

나 좋게 볼 소동과 칼싸움 솜씨를 칭찬할 수 없었을 겁니다. 제가 볼 때 비극이란 어쩌면 끊어 읽기 표시가 되어 있는 아름다운 역사책에 지나지 않습니다.

(제가 준비하고 있는 극[97] 속에서) 사람들이 보안관을 기다리고 이윽고 그가 옵니다. 그는 마을의 수령을 취조합니다. 그는 수령에게 배신을 제안하지만 수령은 그것을 거부합니다. 보안관은 수령에게 죽음을 선고하고 감옥으로 처넣습니다. 수령의 딸이 와서 아버지에 대한 선처를 부탁합니다. 보안관은 그녀에게 구역질 나는 조건을 달고 그녀는 그렇게 하겠다고 합니다. 하지만 그녀의 아버지, 마을의 수령은 사형에 처해지고, 주민들은 보안관을 추적합니다. 보안관은 그들 면전에서 달아납니다. 수령의 딸의 연인이 그를 단칼에 죽여 쓰러뜨립니다. 그 잔인하고 관용의 정신이 없는 보안관은 저주 속에 죽어갑니다. 하나의 위대한 작품을

구절이 보인다.
97 디드로의 미완 희곡인 이「보안관」의 초안은 에르미타주 도서관 수고본에 따라 투르뇌에 의해 처음으로 출간되었고, 디드로의 딸인 방될 부인이 소장했던 자필본에 의해서도 확인된다. 그 작품은 1769년 9월 11일 자소피 볼랑에게 보내는 편지를 볼 때, 그때도 작업 중이었던 것으로 보인다. "저는 머릿속으로 어떤 보안관을 그려봅니다. 머리를 해방시킬 필요가 있는데 말이죠." 도라는 이 아이디어를『실비와 몰레조프』라는 제목의 소설 속에서 도용한다.

쓰기 위해 시인에게 더 이상의 것은 필요하진 않지요. 소녀가 자신에게 생명을 준 존재에게 마땅히 갚아야 할 바가 무엇인지를 묻기 위해 어머니의 무덤으로 갑니다. 사람들이 그녀에게 요구하는 명예로운 희생에 대해 그녀가 자신 없어 합니다. 이런 불안 속에서 그녀가 자기 연인을 멀리하고, 그가 토로하는 사랑의 말들을 듣는 것도 거부합니다. 그녀가 감옥에 있는 아버지 면회를 허락받습니다. 아버지는 그녀를 그 애인에게 맺어주길 바라지만 그녀는 이에 동의하지 않습니다. 그녀가 몸을 파는 그사이 아버지가 죽습니다. 애인으로부터 아버지가 죽은 사실을 전해 들은 그녀가 슬픔에 잠기는 걸 볼 때까지, 또 그녀가 아버지를 구하기 위해 바친 희생을 그가 알게 될 때까지 관객들도 그녀가 이미 몸을 바친 사실을 아직 모르는데, 그때 보안관이 민중들에 의해 쫓겨 그곳으로 오게 되고, 거기서 그는 그녀의 애인에 의해 살해된다면…… 이것이 그 세부 줄거리의 일부입니다.

  2 : 일부일 뿐이라고요!

  1 : 네, 일부일 뿐입니다. 젊은 연인들이 마을의 수령에게 미리 도망치라고 제안하지 않을까요? 주민들은 보안관과 그의 졸개들을 없애라고 수령에게 제안하지 않을까요? 관용의 수호자인 사제가 여기 없을까요? 이 고통의 나날 한가운데에 딸의 애인은 그저 빈둥거리고 있을까요? 이 사람들 사이에 가정할 수 있는 관계는 없을까요? 이 관계로부터 끌어

올 해결책은 없을까요? 그 보안관이 마을 수령의 딸을 사랑했던 사람일 수는 없을까요? 그는 마을에서 자신을 내쫓은 그녀 아버지와 자신을 무시했던 그녀에 대한 복수심으로 가득 차 돌아온 것은 아닐까요? 이처럼 곰곰이 생각해볼 인내심만 있다면, 가장 단순한 주제로부터 끌어올 수 있는 묵직한 에피소드들이 얼마나 많습니까? 말을 잘 구사할 줄 알면, 모든 종류의 색채를 부여할 수 있지 않겠어요? 웅변적이지 않고서는 극을 쓰는 시인이 될 수는 없습니다. 무대 효과가 부족하리라 생각하십니까? 예컨대 심문 장면 같은 경우, 그 상황의 장치들 속에서 저절로 흘러갈 것입니다. 제 영역은 맘대로 처리하게 놔두시고 이제 이런 여담은 그만하죠.

영국의 로스키우스,[98] 유명한 개력이여, 나는 너를 증인으로 삼노라. 실재하는 모든 나라들이 만장일치로 역사상 제일의 배우라고 여기는 너, 너는 진실에 경의를 표하는구나! 너는 내게 말하지 않았느냐? 너의 강렬한 감수성에도 불구하고, 네가 보여줄 열정이나 성격이 무엇이 되었든, 네가 동일시하고자 하는 호메로스의 환영이 갖고 있는 위대함에 이르기까지 네 생각을 고양시킬 수 없다면 네 거동은 빈약해지고 말 것이라고. 그러니 네가 연기했던 것이 너 자신에

---

98 퀸투스 로스키우스 갈루스(기원전 126~기원전 62). 고대 로마의 유명한 배우.

따른 것은 아니었다고, 내가 네게 말했을 때 대답했던 대로 고하라. 너는 스스로를 잘 억제하고 공연에서 너 자신이 아니라 상상의 존재를 드러내기 때문에 무대 위에서 위대하게 보이는 것이라고 내게 고백하지 않았느냐?[99]

2 : 위대한 배우의 영혼은, 우리의 철학자[100]가 차갑지도 뜨겁지도 무겁지도 가볍지도 않고 그 어떤 결정된 형태에도 관계되지 않으면서 또한 모든 형태들을 허용하되 그 어떤 것도 담아두지 않는 공간을 채웠던 미묘한 요소들로 만들어져 있습니다.

1 : 위대한 배우는 피아노도 하프도 하프시코드도 바이올린도 첼로도 아닙니다. 그는 자기 자신에 고유한 것과 전혀 일치하지 않아요. 하지만 그는 자기가 맡은 부분에 적합한 어조와 조화를 유지할 줄 알고, 모든 것들을 위해 준비할 줄 알지요. 저는 위대한 배우의 재능을 아주 높게 생각합니다. 위대한 배우는 희귀하며, 아마 위대한 시인만큼이나 드물면서도 그보다 더 위대한 자입니다.

여러 사람이 모인 곳에서 스스로를 드러내고, 모든 사람의 마음에 들 수 있는 불행한 재능을 가진 사람은[101] 그 누

99 『살롱 1767』에 나오는 디드로 자신의 말에 따를 때 이런 대화는 실제로 개릭과 샤스텔룩스라는 기사 사이에 있었던 것으로 보인다.

100 에피쿠로스(기원전 341~기원전 270).

101 네종의 필사본은 알바레 백작, 투제, 카네이 신부 등으로 실명을 거

구도 아닙니다. 그에게 속하는 것도, 그를 구별하는 것도, 누군가를 숨 막히게 하거나 또 다른 누군가를 지치게 하는 것도 없어요. 그는 늘 말을 하고, 그것도 언제나 아주 잘합니다. 이런 사람이 직업적 아첨꾼, 위대한 궁정인, 위대한 배우입니다.

2 : 세상에 처음 숨 쉬고 나올 때부터, 경이로울 정도로 꼭두각시 역할에 익숙한 위대하고 노련한 궁정인과도 같은 사람은 그의 주인이 두 손으로 잡고 있는 끈의 움직임에 따라 모든 종류의 형태를 취할 수 있어요.

1 : 위대한 배우는 또 다른 훌륭한 꼭두각시죠. 시인은 그를 조종하는 끈을 잡고서 한 줄 한 줄 그가 취해야 할 진정한 형태를 지정해주고요.

2 : 그러면 아름답든 흥미롭든 오로지 한 가지 형태밖에 취할 줄 모르는 궁정인이나 배우는 형편없는 꼭두각시들이라고 하겠군요?

1 : 제가 좋아하고 존중하는 직업을 중상하는 게 저의 취지는 아닙니다. 저는 배우라는 직업에 대해 말하고 있어요. 제 관찰이 잘못 해석되어 보기 드문 재능과 실제적인 쓸모를 함께 지닌 사람들, 즉 우스꽝스러움과 악덕의 적수이

론하고 있다. 그림은 『문학 통신』에서 그들의 무언극에 대한 재능을 말하고 있다.

자 정직과 덕성의 매우 웅변적인 설교자들, 천재적인 인간이 심술궂고 바보스러운 사람들을 쫓아내기 위해 사용하는 막대기와도 같은 존재에게 경멸의 그림자를 드리운다면 유감스러운 일이겠군요. 하지만 당신 주변의 사람들한테 눈을 돌려보세요. 늘 유쾌한 사람들은 사실 별다른 결함도 별다른 장점도 없는 사람들이란 걸 알게 될걸요. 마찬가지로 직업적으로 명랑한 사람들은 어떤 공고한 원칙도 없는 경박한 사람들임을 알게 될 거고요. 그리고 사회에서 흔히 볼 수 있는 상당수 사람들과 비슷한 그런 이들은 아무 특징도 없지만 모든 것들을 연기하는 데 뛰어나다는 것을 알게 될 것입니다.

배우는 아버지도 어머니도 아내도 자식들도 형제도 자매도 잘 아는 사람도 친구도 정부도 없나요? 사람들이 배우란 신분의 주된 성질로 간주하곤 하는 우아한 감성을 그가 부여받았다면, 우리처럼 쫓기고 단말마적인 끝없는 고통들로부터 타격을 받으면서도, 우리의 영혼들을 때로는 빛바래게 하고 때로는 괴롭히는 우아한 감성을 부여받았다면, 우리를 즐겁게 해주려고 헌신할 시간이 그한테 얼마나 남아 있을까요? 거의 없겠죠. 왕실 시종이 자신의 권위를 이용해 강요해도 소용없을 겁니다. 그런 경우 배우는 그에게 이렇게 대답할 겁니다. "나리, 저는 오늘 웃을 수가 없는데요" 혹은 "저는 아가멤논의 걱정들과는 다른 일 때문에 울고 싶습니다"라고. 하지만 사람들은 배우들뿐만 아니라 우리에게도 흔히 있는 삶의 고뇌가 배우들의 자유로운 임무 수행에 특히 방해되며, 종종 그들의 발목을 잡는다는 사실을 잘 알아차리지 못합니다.

그들은 세상 속에서 어릿광대가 아닐 경우 빤질거리고 신랄하고 차갑고 사치스럽고 방탕하고 낭비벽이 심하고 이해타산적이며 우리의 악덕에 타격받기보다는 우스꽝스러움에 더 쉽게 끌린다고 봅니다. 유감스러운 사건이나 비장한 모험의 이야기에도 충분히 침착한 정신을 유지하고, 고립되어 있고 방랑자적이면서 위대한 것의 명령에 따르는 존재들이죠. 덕행은 거의 쌓지 않고 친구도 전혀 없고 기쁨과 고통들을 나눌 만한 성스럽고 다사로운 관계도 전혀 없지요. 사람들을 타인들과 연결시켜주는 것은 바로 이것들일 텐데 말이죠. 저는 무대 뒤에서 배우가 웃는 것은 종종 보았지만 우는 것을 본 적은 전혀 없습니다. 그들은 감성을 마치 제 것인 체하고 또 사람들도 그들한테 감성을 기대하지만 그들이 그것으로 뭘 하나요? 그들은 무대 위에서 내려올 때 그것을 거기 남겨놓고, 다시 올라갈 때 또다시 취하지요.

무엇이 그들에게 나막신이나 장화를 신겨줄까요?[102] 교육의 부족, 가난과 자유분방함입니다. 극장은 하나의 방편

---

102 주25 참조.

이지, 결코 선택되는 것은 아니지요. 덕에 대한 취향으로 배우가 되지는 않아요. 사회에 유용하고 조국이나 가문에 봉사하고자 하는 욕망, 올바른 정신과 따뜻한 마음, 지극히 아름다운 직업에 매료되는 민감한 영혼을 이끌 만한 그 어떤 정직한 동기에 의해서도 아니지요.

저 자신, 젊어서 소르본과 극장 사이에서, 즉 신학자가 될까 배우가 될까 망설인 적이 있어요.[103] 겨울, 가장 혹독한 추위에도 저는 뤽상부르 공원의 한적한 오솔길을 걷곤 했지요. 코르네유와 몰리에르의 대사들을 높은 목소리로 암송하기 위해서였죠. 무슨 꿍꿍이였냐고요? 갈채받는 것? 아마 그랬겠죠. 극장의 여자들과 친하게 지내고 싶어서? 그들이 너무도 사랑스럽다고 여겼고, 또 쉬운 여자들이란 것도 알았으니까? 정말 그래요. 전 그 당시 데뷔한 배우이자 미의 화신이라 할 만했던 고생의 마음에 들기 위해 못 할 일이 없었지요. 무대 위에서 그토록 매력을 발산하던 당주빌도 마찬가지고요.[104]

---

103 『「사생아」에 대한 대담』에는 이런 구절이 있다. "지상의 표면에 고립되었고, 내 운명의 주인이었던 나는 편견으로부터 벗어나 배우가 되고 싶었다."

104 고생은 1731년 4월 28일 코메디 프랑세즈에서 쥐니 역할로 데뷔했고, 당주빌은 그에 앞서 1730년 1월 28일에 데뷔했다. 디드로는 그때 아직 학생이었다. 그는 1732년에야 문학사 자격을 받았다.

누군가 배우들은 어떤 성격도 갖고 있지 않다고 했지요.[105] 갖가지 성격들을 연기하면서 그들 모두는 자연이 부여한 성격을 잃고, 의사와 푸줏간 주인이 냉혹해지는 것처럼 배우들은 거짓스러워진다고.[106] 그러나 저는 사람들이 결과와 원인을 혼동했다고, 그들이 고유한 성격들을 갖고 있지 않기 때문에 그 모든 성격을 연기할 수 있다고 생각합니다.

2 : 사형 집행인이어서 잔인해지는 게 아니라 잔인하기 때문에 사형 집행인이 되는 거죠.

1 : 그들을 검토해봤지만 별거 없던데요. 저는 배우들한테서 보통 사람들이 뻔뻔함이라고 부를 만한 허영심, 불화와 증오로 가득한 질투심 말고는 다른 시민들과 구별될 만

---

105 여기서는 장-자크 루소(1712~1778)의 「연극에 관하여 달랑베르에게 보내는 편지」의 주제가 떠오른다. 그 글에 이런 말이 나온다. "배우의 재능이 뭡니까? 그것은 자기를 속이고, 자기와는 다른 성격을 뒤집어쓰고, 원래와 다르게 나타나고, 차가운 피로 열광하고 생각하는 것과는 다르게 말하고, 그것도 진짜 생각하는 것과 똑같이 자연스럽게 말하고, 다른 사람의 자리를 취하면서 자기 자신의 자리를 잊는 기술입니다." 이는 달랑베르가 『백과전서』에 '주네브'를 기술하면서 그곳에 극장이 발달하지 못한 것이 유감이라고 쓴 것에 반대해 루소가 쓴 대목이다. 루소가 이러한 이유를 들어 연극 예술을 비난한 반면 디드로는 이 점을 연극 예술의 특성으로 파악하고 있다.

106 『엘베시우스의 인간론 반박』에도 똑같은 예가 나온다. "손을 동물의 피 속에 담그는 데 따라서 〔……〕 의사의 마음은 점차 고통받길 멈춘다. 〔……〕 푸줏간 주인은 두려움 없이 사람의 피가 흐르는 것을 본다."

한 그 어떤 것도 보지 못했거든요. 그 어떤 사회 집단도 그들보다 더, 모든 사람들의 공통된 이익과 대중의 이익을 계속적이고 명백하게 비천하고도 하찮은 과시에 희생시키는 경우란 없지요. 배우들 사이의 질투는 작가들 사이에서보다 훨씬 심해요. 이에 대해선 이런저런 말이 많은데, 다 사실입니다. 시인은 다른 시인의 연극이 성공했을 때 쉽게 용납하지요. 하지만 여배우들은 다른 여배우들이 갈채를 받고 명성과 사치를 누리는 걸 결코 용납하지 못해요. 당신은 그들이 무대 위에서 위대한 것은 그들이 그런 영혼을 갖고 있기 때문이라고 말씀하시겠죠. 제가 볼 때 그들은 전혀 그런 영혼이 없기 때문에 사회 속에서 비루하고 하찮게 보인답니다. 그들은 카미유와 늙은 오라스[107]의 말과 어조를 가지고 프로진[108]과 스가나렐[109]의 품행을 보여주는 자들이지요. 그런데 그들의 마음속 깊은 곳을 판별해내기 위해, 남들이 멋지게 만들어놓은 담화를 빌려오거나 연기의 본질이나 그 삶의 내용에까지 의거해야 하나요?

　　2 : 하지만 옛날 몰리에르, 키노, 몽메닐이 그랬듯이, 오늘날엔 브리자르와 카이요[110]가 지체 높은 분들과 평민들에

---

107 코르네유의 「오라스」에 나오는 인물들.
108 몰리에르 희극 「본의 아닌 의사」의 주인공 이름.
109 몰리에르 희극 「수전노」에 나오는 중매쟁이 노파의 이름.
110 조제프 카이요(1732~1816)는 루이 15세의 작은 궁정들과 부르주 지

게서 똑같이 환영받고 있지요. 당신은 그들에게 두려움 없이 당신의 비밀과 지갑을 내맡겼을 겁니다. 당신 아내의 명예와 딸의 순진성은 우리 교단에서 존경받을 직책을 맡고 있는 사람이나 궁정의 고위인사와 함께 있을 때보다 그들과 함께 있을 때 더 안전하게 지켜질 거라고 믿었을 거고요.

1 : 그런 찬사가 꼭 과장된 것은 아니지요. 저를 화나게 하는 것은 과거든 현재든 사람들 사이에서 충분히 회자될 법한 여러 배우들이 사실 별로 거론되지 않는다는 점이기도 해요. 직업상 다른 장점들의 소중하고 풍요로운 원천이 될 만한 장점을 갖고 있는 이 배우들 중에서 정중한 남자와 정숙한 여자가 드물다는 점 또한 저를 화나게 하지요.

그러니 그들이 특권적으로 감성을 갖고 있다는 것은 거짓이며, 설사 그들이 감성을 부여받았다 할지라도, 무대 위에서나 사회에서 그들을 지배한다는 감성이란 것은 그들이 갖고 있는 개성의 원천도 아니요 그들이 누리는 성공의 이유도 아니라고 결론 냅시다. 감성은 사회의 이런저런 조건 하에서만 더도 덜도 아니게 그들에게 부여되어 있지요. 위대한 배우들이 별로 안 보인다면 그건 부모들이 결코 자식

방 및 리옹에서 아주 어린아이 역을 연기했다. 그는 1766년 이탈리아 국립극장에서 데뷔했다. 연기는 매우 자연스러웠고, 좋은 목소리와 작은 키의 소유자였다. 『문학 통신』은 여러 번 그를 칭찬하는 글을 실었다.

들한테 연극을 시키지 않기 때문입니다. 또는 어려서부터 교육받기 시작하여 준비해온 게 아니기 때문입니다. 그런 사람들이라면 교훈을 얻고 즐기고 교정받기 위해 모인 관중들에게 말하기의 중요성과 영광과 그에 합당한 보상을 부여하겠지요. 배우 집단은 자연적 후견인, 부모의 선택이나 취향이나 동의에 의해 사교계의 여러 가문에서 뽑혀나와 군대나 법정이나 교회의 무대로 인도되는 보통 사람들과는 다르다는 이야기지요.

2 : 요즘 배우들의 타락상은 제가 보기엔 옛날의 배우들이 그들에게 물려준 불행한 유산인 듯한데요.

1 : 저도 그렇게 생각합니다.

2 : 사람들이 사태에 대해서 보다 정확한 관념을 갖게 된 오늘날 연극이 새로 태어난다면, 아마도…… 그런데 당신, 제 말을 듣지 않고 있군요. 무슨 생각을 그렇게 골똘히 하고 있죠?

1 : 처음에 하던 생각을 하고 있어요. 즉 훌륭한 취미와 풍속에 대한 연극의 영향, 배우들이 가치 있는 사람들인지, 그들의 직업이 존경받고 있는지 등을요. 훌륭하게 태어난 이에게 조잡하고 속된 말들을 감히 공개적으로 반복하게끔 할 시인이 어디 있을까요? 거의 우리 부인들과 마찬가지로 정숙한 여인들에게, 규방의 밀실에서 들어도 얼굴 붉힐 말들을 수많은 청중들 앞에서 뻔뻔스럽게 내뱉게 할 시인이

어디 있을까요? 우리의 극작가들은 그들이 생각했던 것보다 훨씬 더한 순수함과 섬세함과 우아함의 경지에 곧바로 가닿게 될 거예요. 그런데 민족의 정기가 그런 데서 영향받는다는 걸 의심하십니까?

2 : 아마도 사람들이 당신의 말을 반박할 것 같은데요. 옛날이든 요즘이든 당신의 점잖은 배우들이 레퍼토리로부터 제외하는 작품들이 바로 우리가 사회에서 연기하는 그것인걸요.[111]

1 : 우리의 시민들이 가장 시시하고 서투른 익살 배우의 수준으로 격하되어도 상관없다고요? 그렇다고 배우들이 가장 명예로운 시민의 수준으로 고양되는 것이 덜 유용하고 바람직하지 않단 말입니까?

2 : 변신이란 쉽지 않지요.

1 : 제가 「가장」을 상연했을 때 경찰청장은 이 장르에 계속 매진하라고 저를 격려했습니다.[112]

2 : 그런데 왜 그렇게 하지 않았지요?

1 : 예상한 만큼의 성공은 거두지 못했기 때문이죠. 앞

---

111 부도덕하다고 제외되는 연극 작품들은 바로 타락한 사회의 현실을 가장 잘 모방하는 작품들이라는 뜻이다.

112 이는 1769년 코메디 프랑세즈에서 「가장」을 재공연한 일을 두고 하는 말이다. 이것은 8월 9일과 9월 9일 사이에 있었던 공연을 새롭게 한 것이었다. 경찰청장 사르틴은 디드로의 오랜 친구이자 추종자였다.

으로 그보다 훨씬 더 잘할 수 있다고 저 자신을 기만할 수 없었고, 충분한 재능이 있다고 생각되지 않는 일을 하는 게 싫었지요.

2: 오늘 네 시간 반 전에 그토록 관객석을 가득 채웠고, 배우들이 매번 천 에퀴까지는 못 벌었다고 거들먹거렸던[113] 이 연극이 처음에는 왜 그토록 뜨뜻미지근하게 받아들여졌을까요?

1: 어떤 사람들은 우리의 풍속이 너무도 인공적이어서 그처럼 단순한 장르에 적응하기 어렵거니와 그렇게 분별 있는 장르를 감상하기엔 너무도 타락했다고 하더군요.

2: 아주 아닌 이야긴 아니네요.

1: 하지만 경험적으로 그건 진실이 아닌 것으로 밝혀졌어요. 우리가 더 나아지지 않았거든요. 진실한 것, 정직한 것은 우리에게 수많은 영향력을 갖지요. 어떤 시인의 작품이 그 두 가지 특징을 다 가지고 있고 작가가 천재적 재능이 있다면 성공은 더욱더 보장되겠죠. 그런데 사람들이 진실을 좋아하는 때는 바로 모든 것이 가짜일 때이고, 연극이 가장 순수해지는 때는 바로 모든 것이 타락했을 때랍니다. 연극을 보러 들어갈 때 시민은 입구에 자신의 악덕들을 두었

---

113 최고 기록을 세운 것은 1769년 8월 19일의 결산서였다. 2,949리브르. 이는 거의 천 에퀴에 육박하는 것이었다.

다가 나갈 때면 다시 갖고 나갑니다.[114] 극장에서 그는 정의롭고 공정하고 좋은 아버지, 좋은 친구, 덕의 수호자가 되지요. 저는 제 주변의 나쁜 사람들이, 연극을 보면서 나쁜 행동들에 대해 깊은 반감을 표하는 경우를 종종 보았어요. 시인이 등장인물을 데려다 놓은 그 상황에 처해 있었다면 자기들도 그런 짓을 하지 않았을 리가 없는데도 말이죠. 제가 처음에 성공하지 못했다면, 그건 그 장르가 관객에게나 배우들에게 생소했기 때문이고 이른바 눈물 짜기 코미디에 대한 확고하고 끈질긴 고정관념이 여전하기 때문이었죠. 또 궁정과 도시, 고관대작들과 성직자들 사이에 한 무리의 적들을 갖고 있었기 때문이고요.

2 : 어떻게 그토록 많은 사람들의 적개심의 대상이 되었었나요?

1 : 정말이지 저도 그 점에 대해서는 아는 바가 없습니다. 왜냐하면 저는 고위층이든 보통 사람이든 그 누구에게 반하는 풍자를 한 게 아니었고, 재산과 명예를 쌓아가고 있는 그 누구에게도 삐딱하게 군 게 아니었거든요. 그런데 제가 소위 철학자라는 사람들에 속하고, 그래서 사람들이 저

---

114 디드로의 『엘베시우스의 인간론 반박』에는 "그곳은 못된 사람이 세 시간여 동안 자신이 어떤 존재인지를 잊어버리는 매우 존경받을 만한 장소이다. 행정관이 그것의 유용성을 알고 있는지 잘 모르겠다"라는 구절이 있다.

를 위험한 시민으로 여기고 있음은 사실이지요. 장관은 이 철학자들에 반대해 덕도 계몽된 지식도 없는 저열한 놈 두세 명을 풀어놓았죠.[115] 하지만 그 얘긴 그만둡시다.

2: 철학자들은 시인과 문학인 들이 하는 일을 대체로 더 어렵게 만들어왔다는 점을 거론하진 말지요. 돋보이기 위해서 짧은 연시나 음담패설을 구사할 줄 아는 것도 더 이상 중요한 일은 아닙니다.

1: 그럴 수도 있죠. 어떤 젊은 탕아가 그를 채용할 화가나 조각가나 다른 예술가의 작업장에서 열심히 일하는 대신, 젊은 날의 가장 소중한 시간들을 잃어버린 나머지 스무 살이 되어서도 재산도 재능도 없는 처지에 머물러 있다고 칩시다. 그가 무엇이 되기를 기대하나요? 그에게 남은 길은 병사나 배우의 길입니다.[116] 그가 시골의 어느 부대에 들어간다면, 수도로 올라올 수 있을 때까지 여기저기 떠돌아

---

115 1758년의 「가장」 상연 당시에 대한 짧은 언급으로 보인다. 여기서 장관은 슈아죌이고, 나머지 세 악당은 프레롱과 팔리소, 모로 변호사다.
116 이는 『살롱 1765』의 서문을 요약한 말이다. "학생은 열아홉 살 내지 스무 살이 된다. 팔레트가 손에서 떨어질 때 그는 직업도 재산도 좋은 품성도 없는 채 남아 있다. 그럼 무엇을 하고 무엇이 될까? 굶어 죽든지, 궁핍한 생활을 할 게 뻔한 하급 군인의 처지로 떨어지든지 〔……〕 당신께 말씀드리건대, 이것은 벨루르나 르캉, 브리자르, 엉터리 화가들의 말인데, 절망이 그들을 배우로 만들었다는 것이다."

다니게 되겠죠. 혹은 어떤 불행한 여자가 방탕의 진흙탕 속에서 썩어가다가, 가장 비천한 직업, 즉 천한 창녀란 직업에 지쳐가다가 몇 가지 역할들을 외워 익혀 클레롱의 집으로 갑니다. 마치 고대의 노예가 토목 담당관이나 집정관에게 가듯이 말입니다. 클레롱은 그녀의 손을 잡아 한 바퀴 빙그르르 돌게 하고는 지팡이로 그녀를 건드리면서 말할 거예요. "가서 얼빠진 구경꾼들을 웃기든지 울리든지 해봐."

그들은 추방당한 사람들입니다. 그들 없이 살 수 없는 관객들이 그들을 경멸하지요. 그들은 다른 노예의 채찍질을 끊임없이 받고 있는 노예들입니다. 계속 짓눌린 표시가 나지 않을 수 있다고 생각하시나요? 또는 수치심의 짐 아래 짓눌려 있는 영혼이 코르네유의 고매함을 따를 수 있을 만큼 충분히 단단할 수 있다고 믿나요?

사람들이 배우들에게 제멋대로 굴듯 배우들은 작가들한테 제멋대로 굴곤 합니다. 가장 비루한 사람이 무례한 배우인지 그 무례함을 겪어야 하는 작가인지 알 수 없을 정도죠.

2 : 자기 작품들이 공연되길 바라니까요.

1 : 어떤 조건으로든지요. 그들은 모두 자기 일에 지쳐 있어요. 문 옆에 돈을 갖다주더라도 그들은 당신의 존재에도 당신의 갈채에도 아랑곳하지 않을 겁니다. 하찮은 관객들 때문에도 충분히 움츠러드는 그들은 자신의 연극이 받아

들여지지 않느니 사례금을 포기하기로 결정하지요.

2 : 하지만 그런 시도는 단지 극이란 장르를 없앨 뿐 같군요.

1 : 그것이 그들에게 무슨 상관일까요?

2 : 당신, 할 말이 별로 남아 있지 않은 것 같군요.

1 : 틀렸네요. 당신 손을 잡고 클레롱, 이 필적할 수 없는 마법사 이야길 더 하고 싶은걸요.

2 : 그녀는 적어도 자신의 천직에 자부심을 느끼고 있었어요.

1 : 뛰어난 배우들은 모두 그렇지요. 어떤 연극이 멸시받는 것은 배우들을 무대로부터 몰아내는 관중들의 야유 때문이 아니라 배우들 사이에서 나오는 야유 때문입니다. 정말 화가 나서 흥분 상태에 빠진 클레롱을 당신께 보여드리고 싶군요. 어쩌다 그녀가 마음껏 허식적이고 과장스럽게 자신의 태도와 목소리의 특징과 연극적 행동을 드러내 보인다면, 당신이 배꼽을 틀어쥔들 터져 나오는 웃음을 참을 수 있을 것 같나요? 행여 그런다 해도 대체 당신이 제게 무슨 교훈을 줄 수 있겠어요? 실제 감성과 연기된 감성이 완전히 별개의 것들이라고 단언할 수 없다고요? 당신은 연극에서 칭송할 만한 것을 경멸하지요. 실례지만 왜 그럴까요? 왜냐하면 클레롱이 진짜 격분하면 오히려 가장된 것처럼 보이고, 열정의 가면과 사람 자체를 단번에 구별할 수 있기 때

문입니다. 연극에서 열정의 이미지들은 그 진짜 이미지들이 아니라, 과장된 초상화의 이미지들일 뿐이고, 인습적 규칙들에 맞게 대략 그려진 캐리커처들일 뿐입니다. 그런데 어떤 예술가가 이런 주어진 규칙들 속에다 자기 자신을 철저히 담아낼 수 있겠는지, 당신 자신에게 물어보세요. 미리 지시된 이런 허세를 가장 잘 보여줄 수 있을 배우는 대체 누구일까요? 자신의 고유한 성격에 지배되는 사람인가요, 아예 성격 없이 태어난 사람인가요, 스스로의 허물을 벗고 더 위대하고 더 고상하고 더 격렬하고 더 고양된 타자로 자신을 다시 감싸는 사람인가요? 인간은 본성에 의해서 자기 자신이 되고, 모방에 의해서 타인이 됩니다. 사람들이 자기 안에 있다고 생각하는 마음이란 정말 존재하는 마음이 아니에요. 그렇다면 진정한 재능이란 무엇일까요? 그것은 빌려 온 영혼의 외적 증상들을 잘 인지하고, 우리의 말을 듣고, 우리를 바라보는 사람들의 느낌에 호소할 줄 알고, 그런 모든 모습들의 모방, 즉 머릿속에서 모든 것을 키우면서 자신들의 판단의 규칙이 되는 모방을 통해 그 모든 것들을 속일 줄 아는 능력입니다. 우리 내부에 일어나는 것을 다르게 감상하는 일은 불가능하기 때문이죠. 그리고 우리가 어차피 알 수 없는데, 그들이 느끼는지 안 느끼는지가 실제로 우리한테 뭐가 중요한가요?

그러므로 가장 위대한 배우란 가장 잘 알고, 가장 잘 인식되어 있는 이상적 모델에 따라 가장 완벽하게 외적인 기호들을 나타낼 수 있는 사람입니다.

2 : 위대한 배우에게 상상할 거리를 가장 조금 남기는 사람이 가장 위대한 시인이지요.

1 : 바로 그 말을 하려고 했어요. 무대의 오랜 관습으로 인해 사람들이 사교 생활에서도 연극적 과장을 하는 습관을 갖게 되었을 때, 그리고 거기서 브루투스나 신나, 미트리다트, 코르넬리아, 메로프, 폼페이우스[117] 등을 보게 할 때, 그들이 무슨 일을 하고 있는지 아시나요? 그들은 자연이 크든 작든 한 영혼에 정확하게 배분한 바에다가 그들이 원래는 갖고 있지도 않은 과장되고 거대한 영혼의 외적 신호들을 연결하는 일을 하지요. 거기서 바로 우스꽝스러움이 나오는 거고요.

2 : 순수하게든 악의적으로든 남녀 배우에 대해 너무나 잔인한 풍자를 하시는군요!

1 : 어떻게요?

2 : 저는 모든 사람은 강하고 위대한 영혼을 가질 수 있고, 그 영혼에 맞는 자세와 말, 행동을 할 수 있으며, 진정한 위대함의 이미지가 결코 우스꽝스러울 수는 없다고 생각합

---

117 「브루투스」 「메로프」는 볼테르, 「신나」와 「폼페이우스」는 코르네유, 「미트리다트」는 라신의 희곡이다.

니다.

1 : 그래서 어떻게 되는데요?

2 : 아, 나쁜 사람! 감히 그렇게 말할 수는 없어요. 제가
당신에 대한 일반인들의 분노를 떠맡을 수밖에 없겠군요.
진정한 비극은 여전히 연구되어야 하며 모든 결함들에도 불
구하고 아마도 고대인들은, 우리보다 진정한 비극에 더 가
까웠단 말입니다.

1 : 필록테테스가 네오프톨레모스에게 그토록 단순하고
강하게 말하는 것을 듣고 제가 매혹되었던 것은 사실입니
다. 그가 율리시스의 사주를 받아 훔쳤던 헤라클레스의 화
살들을 돌려주면서 말하는 장면에서요. "네가 무슨 일을 저
질렀는지 보아라. 모르는 사이 너는 불행한 사람에게 고통
과 배고픔에 죽어가도록 선고했다. 너의 도둑질은 다른 사
람의 범죄이지만, 회한은 너의 것이다. 혼자였다면 너는 결
코 그런 비열한 짓을 저지를 생각은 하지 못했을 것이다. 그
러니 얘야, 네 나이 때 훌륭한 사람들만 사귀는 게 얼마나
중요한지를 명심해라. 이것이 바로 네가 범죄자 무리 속에
서 얻을 수 있는 결과다. 왜 너는 그런 사람과 사귀느냐? 네
아버지가 그를 네 동료나 친구로 선택했겠느냐? 군의 뛰어
난 인물들과 가깝게 지냈던 네 위엄 있는 아버지가 율리시
스와 함께 있는 너를 보았더라면 네게 뭐라고 말했겠느냐?"
당신이 제 아들에게 혹은 제가 당신의 아들에게 할 법한 말

과 다른 게 이 연설 속에 있나요?[118]

2 : 아니요.

1 : 하지만 그것은 아름답지요.

2 : 확실히.

1 : 무대 위에서 발음되는 이 연설의 어조는 사람들이 사회에서 발음하는 톤과 다르겠지요?

2 : 그렇게 생각하지 않는데요.

1 : 사회에서 이런 어조로 말하면 우스꽝스럽지 않을까요?

2 : 전혀요.

1 : 저는 동작은 강력하고 대사는 단순할수록 더 좋다고 생각합니다. 우리가 로마의 영웅주의를 위해 백 년 동안 계속 마드리드식 허장성세[119]를 취할까 봐, 또한 서사시적 뮤즈의 언어와 비극적 뮤즈의 어조를 뒤섞을까 봐 정말 걱정이군요.

2 : 우리의 12음절 시구가 대화에 쓰기에는 너무 길고, 너무 귀족적이죠.

1 : 하지만 우리의 10음절 시구 또한 너무 경박하고 가볍죠. 어떻든 아티쿠스에게 보내는 키케로의 편지들을 읽어

118 이는 소포클레스의 「필록테테스」와 관련되는 대목이다.
119 코르네유가 모방한 스페인 연극을 빗댄 말이다.

본 뒤에만 코르네유의 로마풍 희곡들을 상연하는 곳으로 가시길 바랄 따름입니다. 사실 저는 우리 극작가들의 문체가 너무도 과장되어 있다고 생각해요. 그들의 웅변이 얼마나 메스껍게 느껴지는지 모릅니다. 원로원과 로마인들에게 포로 교환을 거절하는 레굴루스[120]의 연설에 보이는 단순함과 기백을 생각해보세요. 레굴루스는 그렇게 하나의 오드, 비극의 독백보다 더 많은 열정과 운율과 과장을 포함하는 시안에 자신을 표현합니다. 그는 말합니다.[121]

"나는 카르타고의 신전들 안에 이리저리 널려 있는 우리 군의 깃발들을 보았다. 피 한 방울 묻지 않은 군장들을 벗어던진 로마 병사를 보았다. 자유를 잃은 채 팔은 뒤로 묶이고 서로 등을 맞대고 있는 시민들을 보았다. 도시의 문들이 모두 열려 있고[122] 우리가 황폐화시킨 땅이 이끼로 덮여 있는 것을 보았다. 그대들은 몸값을 치르고 다시 사 온 이들이 과연 더 용감해져서 돌아오리라 생각하는가? 그대들은 수치심에 파멸을 덧붙이고 있다. 타락한 영혼으로부터 한번

---

120 카르타고 사람들에게 붙잡혀 부하들과 함께 포로가 되었던 로마의 군 지휘자. 그는 포로 교환을 성사시키지 못하고 카르타고로 돌아올 경우, 눈을 뽑히고 노예가 된다는 조건 아래, 로마로 보내진다.

121 아래의 인용문은 호라티우스의 유명한 「오드Odes」에 대한 대략적인 번역이다.

122 아프리카에 평화가 다시 찾아왔음을 알리는 표시.

쫓겨난 덕은 되돌아오지 않을 것이다. 죽을 뻔했던 사람, 자신이 포박당하는 걸 그대로 두고 볼 수 있었던 사람으로부터 어떤 것도 믿지 말라. 오 카르타고여, 너는 얼마나 위대하고 우리의 수치 앞에서도 당당한지!"

그의 말과 행동은 바로 이랬습니다. 그는 아내와 자식들의 포옹을 뿌리치지요. 일개 비천한 노예로서 자신이 그런 포옹을 받을 가치가 없다고 생각하는 거죠. 그는 고집스레 시선을 땅으로 던진 채, 친구들의 눈물들을 무시하면서, 오로지 그만이 내놓을 수 있었을 하나의 의견서를 원로원에 제출합니다. 그것은 자신의 유형지로 되돌아가는 것을 허락해달라는 것이었지요.

2 : 아주 단순하고 아름답군요. 하지만 영웅이 나오는 순간은 그다음입니다.

1 : 맞아요.

2 : 잔인한 적이 그를 위해 고문을 준비하고 있다는 사실을 그도 모르고 있지는 않았지요. 하지만 그는 평정을 되찾고, 유형지로 되돌아가는 그를 붙잡는 측근들과 평민들의 무리 둘 다로부터 똑같이 떨어져 나와, 모든 일들로부터 쌓인 피로를 풀듯 베나프로 벌판, 타란토 지방으로 가버립니다.

1 : 아주 좋아요. 그럼 이제 양심에 손을 얹고, 우리 시인들의 작품 중에 이처럼 고상하면서도 친근한 덕에 맞는 어조로 되어 있는 구절들이 있는지, 혹은 우리의 부드러운 하

소연이나 코르네유식 허장성세 대부분에서 발견될 만한 것이 그의 말에 있는지 말씀해주시죠.

제가 얼마나 많은 것들을 당신께 감히 털어놓지도 못하고 있는지! 사람들이 그런 모독적인 발언을 제가 한 줄 안다면 저는 길에서 돌 맞아 죽을 거예요. 전 어떤 종류든 순교의 월계관은 바라지 않습니다.

어느 날 재능 있는 누군가가 과감히 자신의 등장인물들에게 고대의 영웅주의가 갖고 있던 단순한 어조를 부여한다고 치죠. 그 배우는 다시 연기하기 어려워질 겁니다. 왜냐하면 이때 낭독은 일종의 노래이기를 멈출 테니까요.

게다가 감성이 영혼의 선량함과 재능의 비천함이 나타내는 특징이라 말했을 때, 저는 그다지 평범하지는 않은 고백을 한 셈이었습니다. 왜냐하면 자연이 만든 가장 감성적인 영혼이 바로 제 영혼이니까요.

감성적인 사람은 너무나도 횡격막의 움직임대로 나가기 때문에 위대한 왕이나 위대한 정치가, 위대한 법관, 공정한 사람, 심오한 관찰자, 결과적으로 자연의 숭고한 모방자가 될 수 없어요. 그가 스스로를 잊을 수 없는 한, 그리고 스스로에게서 떨어져 나올 줄 모르는 한, 강력한 상상력의 도움을 받아 스스로를 창조해낼 줄 모르는 한, 자신의 모델이 된 환영들을 위해 집요한 기억력으로 정신을 집중시킬 줄 모르는 한 말입니다. 그때 비로소 문제 되는 것은 더 이상 그 자신이 아니라 그를 지배하는 다른 사람의 정신이지요.

아마도 여기서 그만해야 할 것 같군요. 하지만 당신은 제가 머릿속에 떠올린 생각을 빠뜨리는 것보다는 부적절한 자리에서나마 이야기하는 것을 보다 쉽게 용서하실 것 같아요. 당신은 가끔 남녀 신인들의 요청으로, 그들 집에서 벌어지는 작은 모임 자리에 가서 그들의 재능에 대해 말해달라는 부탁을 받을 때가 있을 겁니다. 그러면 한 여배우에게 영혼과 감수성과 내면이 있다고 인정하고 칭찬을 아낌없이 해서, 그녀가 더 큰 성공에 대한 희망을 품게 해놓고 물러나오겠지요. 하지만 무슨 일이 일어날까요? 무대에 오르면 그 배우는 야유를 받습니다. 또 당신 자신도 그 배우가 야유를 받을 만하다고 인정할 거고요. 그런 일은 어디서 오는 걸까요? 그녀가 아침부터 저녁까지 가졌던 영혼과 감수성과 내면 들을 잃은 걸까요? 아닙니다. 하지만 당신은 그녀의 집 1층에서 그녀와 똑같은 눈높이에 있었지요. 당신은 (연극적) 관습들에는 상관 않고 그녀의 말을 들었던 것이고, 그녀와 당신은 서로 얼굴을 마주하고 있었고, 두 사람 사이엔 비교를 할 만한 어떤 모델도 없었어요. 당신은 그녀의 목소리와 몸짓, 표현, 거동에 만족했지요. 모든 것은 청중과 공간의 비례하에 달렸어요. 과장을 요하는 것은 아무것도 없었죠. 그런데 무대 위에서는 모든 것이 변합니다. 여기서는 다른 사람이 되어야죠. 모든 것이 커졌으니까요.

살롱처럼 관객이 거의 배우와 같은 평면에 앉아 있는 특수한 상황의 연극에서는, 전적으로 극화된 인물이 당신에게는 매우 크다 못해 거대하게 보일 것이고, 공연이 끝날 때 당신은 친구에게 이렇게 털어놓겠지요. "그녀는 성공하지 못할 거 같아. 너무 과장되어 있어." 그래서 그런 배우가 극장에서 성공을 거두면 당신에게는 매우 놀랍게 보이겠죠. 한 번 더 말씀드리자면, 좋은 것이든 나쁜 것이든 배우는 무대와 사회 속에서 똑같이 말하는 법도 행동하는 법도 없습니다. 다른 세계이니까요.

실존 인물 갈리아니 신부와 마찬가지로 독창적이고 신랄한 두뇌 회전이 가능한 파리 주재 나폴리 대사 카라치올리 후작이 제게 말해준 결정적인 사실이 있어요. 그들의 고향 나폴리에 어떤 극작가가 있는데, 그의 주된 관심사는 바로 어떤 희곡도 창작하지 않는 것이라더군요.

2 : 이상하게도 당신의 작품 「가장」은 거기서 성공했지요.

1 : 왕 앞에서 연달아 네 번이나 공연했어요. 그것은 공연할 때마다 다른 연극을 상연해야 한다는 궁정의 일반적에티켓에 위배되는 일이었지만, 관중들은 그것에 열광했어요.[123] 하지만 나폴리 시인의 관심사는 자신의 연극에 나오

---

123 에피네 부인에게 보낸 두 편지 속에서 갈리아니 신부는 나폴리에서

는 인물을 잘 연기할 수 있게 꼭 들어맞는 나이와 표정과 목소리와 성격을 가진 자를 사회에서 발견하는 일이었지요. 사람들은 감히 그의 뜻을 어길 수가 없었어요. 왜냐하면 그것은 왕의 오락과 관련된 것이니까요. 그는 여섯 달 동안 배우들을 따로 또 같이 훈련했어요. 극단이 연기하고 서로의 소리에 귀 기울이고 그가 요구하는 완벽한 지점을 향해 나아가기 시작하는 때가 언제일 것 같은가요? 그것은 바로 배우들이 그 숱한 반복 연습에 지쳐, 소위 마비 상태가 되는 때입니다. 이 순간부터 놀랍게 진척이 있어 배우들 각자는 자신이 연기하는 인물에 일치하게 되죠. 공연이 시작되고 연이어 6개월 동안 지속되고, 왕과 신하들이 연극적 환영으로부터 맛볼 수 있는 가장 큰 즐거움을 누리게 되는 것은 바로 이런 지독한 훈련이 끝난 뒤입니다. 그런데 이렇듯 강력하고 처음부터 마지막 상연까지 똑같이 완벽한 환상을 제시하는 것이 감수성의 결과일 것 같나요?

프랑스 오프렌 극단이 공연한 「가장」의 성공에 대해 말하고 있다. "왕은 끝없이 이 연극에 갈채를 보냈습니다. 그는 그 아름다움을 찬찬히 음미했고, 자신의 견해를 나타내기 위해 프랑스 대사를 자기 옆에 앉혔습니다. 이 연극의 성공은 대단했고, 그는 또 서너 번 자신의 궁정에서 그들의 공연이 있기를 바라게 되었습니다. 디드로에게 전해주세요. 우리 나폴리 사람들은 그의 연극이 그 어떤 프랑스 연극보다 낫다는 걸 확신한다고 말입니다."

게다가 제가 파고들어간 이 문제는 옛날 시시한 문인이었던 레몽 드 생트알빈과 위대한 배우였던 리코보니 사이에 이미 제기되었던 문제이기도 합니다. 그 문인은 감수성을 변호했고, 배우는 제 생각을 옹호했대요. 예전엔 몰랐는데 최근 알게 된 일화입니다.[124]

저는 말했고, 당신은 들었으니 이제는 당신께 이 점에 대해 어떻게 생각하는지 묻고 싶군요.

2 : 그 무례하고 단호하고 메마르고 딱딱한 소인배[125]는 도대체 조금이라도 장점이 있기나 한지 알아볼 필요가 있는 사람이지요. 만약 자연이 그에게 맘씨 좋게 준 것의 4분의 1만이라도 유지하고 있다면, 그는 판단할 때 보다 신중할 겁니다. 만약 당신이 그에게 당신의 논증을 보여줄 호의가 있고 그가 당신의 말을 들을 인내심이 있다면 말이죠. 하지만 불행한 일은, 그가 자신은 모든 것을 알고 있으며 듣는 일은 면제받았다고 생각한다는 겁니다.

1 : 반면, 관중은 그의 말을 귀 기울여 듣지요. 혹시 리코

---

124 이미 아주 오래된 이 논쟁에서 리코보니는 차가운 피를, 생트알빈은 감수성을 옹호했다. 앙투안-프랑수아 리코보니는 렐리오의 아들로 자신이 배우이기도 하면서 1752년 『극예술』이란 책을 펴냈다. 피에르 레몽 드 생트알빈은 『프랑스 가제트』 사장이었고, 『배우』와 함께 『수성』을 이미 1747년에 출판했다.

125 생트알빈.

보니의 부인도 아시나요?

2 : 그토록 매력적이고 천부적인 재능과 성실함과 섬세함과 기품으로 가득 차 있는 작품들을 많이 쓴 작가를 그 누가 모를 수 있겠어요?

1 : 그녀가 감성적이라고 생각하시나요?

2 : 단지 그녀의 작품들 때문만이 아니라 그녀가 보여주는 행동 때문에 그렇게 생각합니다. 그녀의 삶 속에는 그녀를 무덤까지 데려갔으리라 여길 만한 사건이 있었지요. 눈물은 20년이 지나도 여전히 마를 줄 몰랐고, 눈물의 샘도 좀처럼 마르지 않았어요.[126]

1 : 그 여자는 자연이 만든 가장 감성적인 존재 중 하나였고, 무대 위에 섰을 때 가장 나쁜 배우가 되었습니다. 그 어떤 사람도 예술에 대해 그녀보다 더 잘 말할 수 없겠지만 누구도 그녀보다 더 형편없게 연기하지는 못할걸요.

2 : 그녀도 그 점을 시인하고 있고, 불공정한 야유를 받았다고 불평한 적은 한 번도 없었음을 덧붙이고 싶군요.

1 : 그런데 당신 의견에 따른다면, 배우의 중요한 자질

---

[126] 『엘베시우스의 인간론 반박』에서 동일 인물 리코보니 부인에 대한 이야기가 전개되고 있다. 그녀는 1730~1732년경 부모의 사후 일어났던 첫번째 애인의 배반과, 또 먼 훗날 남편 리코보니의 바람기 때문에 겪은 불행이 자신에게 어떠한 것이었는지를 『파니 버들러의 편지』(1756)라는 소설을 통해 고백하고 있다.

인 세련된 감성을 가진 리코보니 여사가 왜 그토록 형편없게 보였을까요?

2 : 겉보기에 두드러진 장점이 다른 결점들을 보상하지 못할 정도로 그녀에겐 다른 장점들이 부족했기 때문이지요.

1 : 하지만 그녀는 겉보기엔 멀쩡했어요. 재기도 있었고 몸가짐도 공손했습니다. 그녀의 목소리도 거슬리는 데가 없었지요. 그녀는 교육을 통해 얻게 되는 모든 훌륭한 장점들을 갖고 있었어요. 사회에서도 거슬리는 행동을 보인 바가 없지요. 사람들은 편하게 그녀를 보았고, 아주 즐거워하면서 그녀의 목소리를 들었어요.

2 : 전혀 이해할 수 없는데요. 다만 제가 아는 것은 관중이 그녀와 융화되지 못했고, 그 후로도 20년간이나 그녀는 자기 직업의 희생양이었다는 사실이죠.

1 : 그녀는 조금도 감성을 넘어설 줄 몰랐어요. 한결같이 자기 자신으로 남아 있었기 때문이죠. 그래서 관중도 한결같이 그녀를 경멸한 겁니다.

2 : 그럼 카이요는 모르시나요?

1 : 잘 알죠.

2 : 가끔 그 사람하고 이 점에 대해 얘기해보셨나요?

1 : 아뇨.

2 : 제가 당신이라면 그의 견해를 알고 싶었을 텐데요.

1 : 그의 견해는 이미 알거든요.

2: 그게 뭐지요?

1: 당신 친구의 의견은 당신 의견과 같아요.

2: 이만하면 당신에게 맞설 만한 엄청난 권위 아닌가요.

1: 인정합니다.

2: 그런데 어떻게 카이요의 느낌을 알게 되었지요?

1: 재기와 섬세함으로 가득한 갈리친 공작부인을 통해서요. 카이요는 탈영자[127]를 연기했습니다. 그가 연인과 목숨 모두를 잃어버리려는 찰나 그 모든 공포를 느끼는 그 자리에 줄곧 그녀도 함께 있었죠. 카이요는 그녀가 있는 곳으로 다가가선, 당신이 잘 알고 있는 예의 그 웃음 띤 얼굴로 그녀에게 명랑하고 성실하고 공손하게 말을 걸었습니다. 놀란 공작부인은 그에게 말했습니다. "아니 세상에! 당신 죽지 않았군요! 당신의 고통을 보는 관객일 뿐인 저도 아직 그 고통에서 헤어나지 못하고 있는데. ─아닙니다. 부인. 저는 죽지 않았어요. 제가 그렇게 자주 죽는다면 한탄할 일이 너무 많을걸요. ─그럼 당신은 아무것도 느끼지 않나요? ─용서해주세요."[128] 이제 그들은 우리의 토론과 마찬가지로 귀결될 토론으로 빠져들어갑니다. 즉 저는 제 의견을, 당신은 또 당신의 의견을 고수하는 그런 토론 말입니다. 공작부인은

---

127 스덴이 1769년에 쓴 동명 음악극의 인물.

128 즉, 상대방 의견에 동의할 수 없다는 뜻.

카이요의 추론들은 전혀 기억하지 못하지만, 이 자연의 위대한 관찰자가 커다란 고뇌의 순간에도, 사람들이 그를 고문대로 끌어갔을 때에도, 빈사의 목소리로 "루이즈는 오지 않는데, 나의 시간은 다가오는구나"[129]라며 노래하는 와중에도 실신한 루이즈를 앉힐 의자가 잘못 놓여 있는 걸 보고 바로잡는 것을 보았어요. 그런데 당신 딴생각에 빠져 있군요. 무슨 생각하시나요?

2 : 당신께 타협안을 제안할까 해요. 드물게는 배우가 감성을 고수하는 순간들이 있다고 말입니다. 이성을 잃고, 더 이상 관객을 보지 않고, 자신이 무대 위에 있다는 것도 잊고, 자기 자신도 잊고, 아르고스나 미케네에 있는 순간, 자신이 연기하는 바로 그 사람이 되는 순간 그는 웁니다.

1 : 제대로?

2 : 제대로. 그는 울부짖습니다.

1 : 올바르게?

2 : 올바르게. 그는 화내고, 괴로워하고, 절망하고, 진실

---

129 스덴의 「탈영자」는 음악이 섞인 3막으로 된 드라마로서 1769년에 이탈리아 사람들이 초연했다. 그림은 이를 크게 칭찬했다. 갈리친 공작은 1768년 8월 10일에 엑스라샤펠에서 아멜리 드 슈메토와 결혼했고, 헤이그 대사로 가기 전인 1769년에는 상트페테르부르크에 머물렀다. 그러므로 공작부인은 「탈영자」를 1770년 여제의 심부름으로 파리로 가는 길에 보았던 듯하다.

로 보이는 이미지를 제 눈에 보여주고, 그를 동요시킨 열정과 똑같은 두근거림을 제 귀와 심장에 가져옵니다. 저를 이끌어 저 자신을 잊게 되는 데까지 말이죠. 더 이상 브리자르도 르캥도 아니며, 아가멤논이 보이고, 네로의 목소리가 들리지요…… 다른 모든 순간을 예술에 내맡겨버리는…… 그럴 때 그는 마치 사슬 아래서도 자유롭게 움직이는 법을 터득한 노예처럼 자연스럽습니다. 사슬에 매여 사는 데 익숙해져서 그 무게와 제약으로부터 벗어나는 법도 알게 되니까요.

1 : 아마도 감성적인 배우는 자신의 역할 속에서 소외의 순간들을 한두 번은 겪을 겁니다. 그 순간들이 아름다울수록 더 강력하게, 나머지 순간들과 불협화음을 이루지요. 말씀해주세요. 그럴 때 연극은 당신에게 하나의 즐거움이길 그치고 고문이 되지 않는지요.

2 : 오! 아니요!

1 : 사랑받던 아버지와 존경받던 어머니의 임종 때, 슬픔에 잠긴 가족의 가정적이고 실제적인 모습을 픽션의 비장함이 압도하지 않나요?

2 : 아니요!

1 : 그러면 당신은 배우도 당신 자신도 아닌걸요. 완벽하게 잊힌다면……

2 : 당신은 이미 저를 매우 혼란스럽게 만들었어요. 당신이 계속 저를 더 혼란스럽게 할 수 있으리라는 것도 의심

치 않습니다. 하지만 1초만 제 뜻과 함께해주신다면, 당신을 뒤흔들어놓을 수 있다고 생각해요. 4시 15분이군요,「디동」을 상연하는데 로쿠르 양을 보러 가죠.[130] 저보다 그녀가 더 잘 대답해줄 겁니다.

1 : 그러길 바라지만 기대할 순 없어요. 그녀가 르쿠브뢰르도 뒤클로도 센도 발랭쿠르[131]도 클레롱도 뒤메닐도 못한 일을 할 수 있다고 생각하시나요? 우리의 젊은 신인이 완성된 상태와 아직 거리가 있어 보인다면, 그건 감정을 전혀 개입시키지 않기엔 그녀가 너무 초심자이기 때문이라고 감히 말하겠어요. 그녀가 계속 무언가 느끼면서 자기 자신으로 머물고, 자연의 제한된 본능을 끝없는 예술 연마보다 선호한다면, 제가 거명한 여배우들의 저 높은 경지까지는 결코 올라가지 못할 겁니다. 그녀는 몇몇 아름다운 순간들은 갖겠지만, 아름다워지지는 않을 거예요. 그녀는 고셍이나 다른 사람들 같아지겠죠. 자신들의 삶을 전적으로 통제하지 못하는 그들은 허약하고 뻔하며, 자연적 감수성이 몰아넣은 좁은 울타리에서 결코 벗어날 수 없기 때문이지요. 여전히 로쿠르 양의 예를 들어 반박하시려나요?

---

130 로쿠르 양은 1772년「에네와 디동」공연에서 디동 역할로 데뷔했다.
131 마르그리트 테레즈 드 발랭쿠르는 1727년 11월 29일「로도귄」으로 데뷔, 1738년에 은퇴했다. 별로 알려지지 않았던 예술가이지만 디드로의 마음속에는 계속 존재했던 인물이다.

2 : 물론이죠.

1 : 그럼 가는 길에 우리의 대담 주제에 들어맞는 사실 한 가지를 말씀드리지요. 저는 피갈과 알고 지내면서 그 사람 집에 여러 번 드나들었어요. 어느 날 아침 그 사람 집에 가서 문을 두드렸더니 그 예술가가 초벌 깎기용 대패를 든 채 문을 열어주더군요. 그는 작업장 문턱에 저를 멈춰 세우고는 다음과 같이 말했습니다. "이 문턱을 넘기 전에, 어느 미인의 나신 앞에서 겁먹지 않겠다고 맹세해주세요." 저는 미소지었고…… 들어갔습니다. 그때 그는 삭스 후작상을 만들고 있었는데, 프랑스의 형상을 위한 모델로 아주 아름다운 창녀를 세웠더군요. 하지만 그녀를 둘러싸고 있는 거대한 형상들 사이에서 그녀가 어떻게 보였으리라 생각하시나요? 초라하고 작고 마치 보잘것없는 개구리 같았습니다. 그녀는 주변의 형상들에 짓눌리고 있었던 거죠. 제가 그 광경의 끝을 예상하지 못하고, 스스로를 무無로 축소시켜버리며 거대한 형상들에 등을 돌린 채 땅바닥에 있는 그녀를 보지 않았더라면 저도 그 예술가의 말에 따라 이 개구리를 아름다운 여인으로 간주했을 겁니다.[132] 고생과 리코보니와 무대 위에서 스스로를 크게 만들 줄 모르는 모든 사람들에게 이런 현상을 적용시키는 일은 당신께 맡기겠어요.

---

132 피갈은 1756년 삭스 원수의 기념물을 만드는 일을 했다. 디드로는

만약 극한에 이른 예술이 모방할 수 있을 만한 감수성을 한 여배우가 부여받았더라도, 연극은 모방해야 할 성격들을 아주 다양하게 제시하고 하나의 주된 역할은 상반되는 상황들을 여럿 끌고 오지요. 보기 드물게 잘 우는 이 여자는 두 개의 다른 역할을 잘 연기하기 어렵고 그저 똑같은 한 가지 역할의 몇 부분들에서만 간신히 탁월해질 뿐입니다. 이 여자는 가장 한결같지 못한, 즉 가장 서툴고 무능한 배우라고 할 수 있어요. 그녀가 비상을 시도하는 순간이 오더라도 그녀를 이미 지배하고 있는 감성이 금세 그녀를 평범함 쪽으로 몰고 가겠지요. 그녀는 속도를 내고 있는 힘찬 경주용 말이라기보다는, 이빨에 재갈이 물린 허약한 암말에 가까워요. 그녀가 힘차 보이는 순간은 잠시뿐으로, 갑작스러우며 강약도 준비 단계도 통일성도 없어서 그저 광기가 도래한 걸로 보일 겁니다.

사실 감성은 고통과 허약함을 동반합니다. 어떤 부드럽고 약하고 감성적인 존재가 레옹틴[133]의 차가운 피, 에르미온의 질투에 가득 찬 정열, 카미유의 격노, 메로프의 모성적

그에게 1756년 9월 2일 자 편지에서 긴 글을 써 보낸다. "후세 사람들이 잘 자랐건 형편없건 우리의 파리 여자들과 오늘날의 엄정한 비평가들과 함께 어떤 자리에 원수가 자신에게 즐거움을 줄 여인들을 취하러 갔는지 조사하리라곤 생각하지 마십시오."

133 코르네유의 「헤라클리우스」에 나오는 인물.

온화함, 페드르[134]의 미망과 회한, 아그리핀의 독선적 오만, 클리템네스트르[135]의 폭력을 감당하거나 휘두르기에 아주 잘 맞을지 말씀해보시지요. 그 끝없이 우는 울보한테는 슬픈 역할 몇 가지 맡기시고 그냥 거기서 끌어내지는 마세요.

감성적인 것과 지각하는 것은 같지 않아요. 하나는 영혼에, 다른 하나는 판단력에 속하는 일이지요. 강하게 느낀다고 해서 그것을 표현할 줄 아는 것도 아니고요. 사회 속에서 우리는 집 한구석에 틀어박혀 홀로 책을 읽거나 단지 몇몇 사람들 앞에서만 연기할 뿐, 연극이라 할 만한 그 무엇도 할 수 없지요. 연극에서 감성과 영혼과 감동이라 부르는 것을 갖고선, 독백 한두 마디는 해도 그 이상은 못 합니다. 위대한 역할의 모든 범위를 포용하는 것, 거기서 명암과 부드러움과 허약함을 조정하는 것, 조용할 때나 소란스러울 때나 한결같아 보이고, 세부에서는 다채롭고, 전체적으로 하나 되고 조화롭고, 시인의 변덕들을 구원하는 데까지 가는 낭독의 한결같은 체계를 형성하는 것은 차가운 머리와 깊은 판단력과 섬세한 취향과 각고의 연구와 오랜 경험과 보기 드문 기억력 덕분이지요. "인물은 처음에 보인 그대로 끝까지 그 자신과 조화를 이룬 채 남아야 한다"[136]는 규칙은 시

---

134 라신 비극 「페드르」에 나오는 인물.
135 라신 비극 「이피제니」에 나오는 인물.

인에게 아주 엄격하게 적용되는 것은 물론 배우에게도 아주 세세한 부분까지 속속들이 적용되는 규칙입니다. 머릿속에 연기에 대한 전체적인 조망과 역할에 대한 명확한 관념을 갖지 못한 채 출연자 대기소에서 나오는 배우는, 평생 신인 같은 연기에서 벗어나지 못할 것이기 때문이죠. 혹은 용감함과 자만심과 운율을 갖춘 배우가 자기의 빠른 두뇌와 직업적 관습을 믿은 채 자신의 열정과 도취로 당신을 짓누를 때, 당신은 마치 모든 것이 소묘되고 있으나 결정적인 한 방이 없는 방종한 스케치 앞에서 그림에 정통한 사람이 그저 조금 웃듯이 그의 연기를 보고 박수 칠 것이기 때문입니다. 이는 사람들이 가끔 시장이나 니콜레 극장에서 보았던 기적들과 같아요. 아마도 그 광대들은 그들 자신 그대로인 채로 남아 있는 사람들, 초보 배우들과도 같아요. 더 노력을 한들 그들에게 부족한 것이 보충되지는 않을 것이고, 그들이 갖고 있는 것을 빼앗을 수도 없을 것입니다. 저마다의 가치에 합당하게 그들을 보아주세요. 하지만 그들을 완벽한 그림과 동격으로 보진 마세요.

2 : 질문할 게 한 가지 있습니다.

1 : 하세요.

2 : 완벽하게 연기하는 연극을 한 번도 본 적이 없나요?

---

136 호라티우스, 『극시론』, 127행.

1 : 정말 기억이 나지 않는군요…… 하지만 기다려보세요…… 네, 가끔씩 시시한 배우들이 연기하는 시시한 연극은……

두 사람은 연극을 보러 갔다. 하지만 자리가 없어서 튈르리 공원으로 되돌아왔다. 그들은 잠시 침묵에 잠긴 채 산책했다. 그들은 함께 있다는 사실조차 잊은 듯 각자 혼자 있는 듯이 자기 자신과 대화를 나눴다. 한 사람은 큰 목소리로, 또 다른 사람은 들리지 않는 작은 목소리로 가끔씩 토막토막 끊기지만 그래도 구별은 되는 단어들을 흘리면서. 두 사람 다 자기가 졌다고 생각하지 않는다는 것을 쉽게 짐작할 수 있게 하는 모습이었다.

나는 역설의 인간[137]의 생각들만을 설명할 수 있다. 혼잣말에서 연결 고리로 사용될 만한 말들을 제거할 때 드러날 법한 매우 일관성 없는 생각들을 말이다. 그는 말했다.[138]

---

137 여기서 '역설의 인간'은 두 대화 상대자들 중 첫번째 사람을 지칭한다.

138 디드로는 복잡한 서술 차원을 품고 있는 대화체 형식을 선호하는 것으로 유명하다. 두 대화 상대자 가운데 한 사람이, 또는 그들 외에 제3의 인물이 화자가 되어 대화에 관한 의견을 덧붙이거나 정황을 설명하는 일은 디드로 작품에서 흔히 발견할 수 있다. 한편 다음에 나오는 '혼잣말'같이 한 대화 상대자가 하는 상상적 대화로서의 독백으로 보이는 예도 많다 (『라모의 조카』). 『극시론』에서 디드로는 다음과 같이 밝힌 바 있다. "나는 오래전부터 혼잣말에 익숙하다. 사람들 모임에서 빠져나와 슬프고 고통스러운 상태로 집에 돌아가서는 서재에 틀어박혀 나한테 묻는다. '무슨 일

── 감성적인 배우를 그 자리에 앉히면 우리는 그가 어떻게 어려움을 헤쳐나가는지 알게 될 거야. 자, 그가 어떻게 하지? 발을 받침대 위에 놓고, 양말대님을 다시 매고, 머리를 한쪽 어깨 위에 얹은 채 돌리면서, 경멸해 마지않는 궁정인에게 대답하겠지. 상황 변화에 재빨리 적응하는 차갑고 노련한 배우가 아니라면 이런 사건 앞에서 어리둥절해졌을 거야. 바로 이렇게 해서 일개 사소한 사건이 천재성의 흔적이 되지.

(내가 생각하기에 그는 비극「에식스 백작」의 바롱에 대해 말하고 있었다. 그는 웃으면서 덧붙였다)

그래, 그녀가 자신의 속내를 들어주는 여인의 가슴 위에 누워 거의 죽어가는 상태에서, 세번째 칸막이 좌석 쪽으로 눈을 돌리고 있을 때, 사람들은 그녀가 느낌으로 연기한다고 생각했지. 그러나 그 순간 그녀는 눈물을 글썽이면서 완전히 익살극에서처럼 고통으로 찡그리고 있는 어떤 늙은 검사를 보고서 다음과 같이 말했어. '그래, 저기 저 위 잘난 얼굴 좀 봐.' 마치 이 말이 분절되지 않은 연속된 하소연의 일부인 것처럼, 입속에서 중얼거리면서…… '다른 데

이지요?…… 화났나요?…… 네…… 잘못 처신했나요?……' 등의 식으로. 그러면서 나는 나 자신으로부터 진실을 캐낸다." "내게는 한편으로 명랑하고 조용하며 침착한 영혼이 있고 이 영혼은, 부끄러운 짓을 했고 그 고백을 두려워하고 있는 다른 영혼에게 질문을 던진다."

가서 얘기해! 다른 데 가서!' 만약 기억이 정확하다면 그건
「자이르」의 고셍 양이었을 거야.

　말년이 매우 비극적이었던 친구의 아버지를 난 알고 지
냈지. 이 아버지는 작은 나팔 같은 귀에다 몇 마디 해달라
고 가끔 날 초대하곤 했어.

　(여기서 말하는 사람이 몽메닐이란 것은 의심할 나위가
없다)

　그 사람은 순진함과 정직성 그 자체인 분이었지. 그렇
다면 그의 원래 성격과 그가 훌륭히 연기하는 타르튀프의
성격 사이에 무슨 공통점이 있었을까? 아무것도 없지. 그
는 비틀린 자세와 이상한 눈 놀림, 그 위선자 역할에 필요
한 가라앉은 어조와 모든 여타의 섬세한 기교들을 어디서
가져왔을까? 신중을 기해서 대답해주기를. —자연의 모방
안에서겠지.[139] —자연의 심오한 모방이라고? 그러면 자연
에는 영혼의 감수성을 가리키는 외적 증거들이, 위선의 외
적 증거들만큼이나 존재하지 않음을 알게 될 거야. 사람들

---

139 이하는 역설의 인간의 혼잣말 속에 나오는 상상의 대화이다. 공식적
인 대화 상대자 1, 2의 그것과는 다른 차원의 '내적' 대화라고 할 만한데,
장 스타로뱅스키는 「철학자, 기하학자, 잡종」(『포에티크*Poétique*』, 21호,
1975)이란 글에서 다음과 같이 말했다. "디드로에게서는 단 한 명의 동일
한 대화 상대자가 질문과 대답을 연달아 하는 것을 자주 볼 수 있다. 즉
한 인물이 또 대답하는 식이다. 이런 단순한 형태는 종종 반복되곤 하는

은 자연 속에선 그것들을 연구할 줄 모르고, 위대한 재능을 가진 배우도 그 둘 다를 모방하고 포착하는 데에는 더 많은 어려움을 겪는다는 것을! 마음속에 감성의 싹을 갖지 않거나, 그것을 조금도 체험하지 못할 정도로 비인간적인 사람이란 한 사람도 없기 때문에, 영혼의 모든 자질들 중에서 감성이 가장 흉내 내기 쉽다는 사실을 내가 주장한다면? 탐욕과 의혹 같은 모든 다른 열정들보다 그것의 진실성을 가장 보장할 수 없다면? 하나의 뛰어난 도구가?……
─잘 알겠어. 느낌을 흉내 내는 사람과 진짜 느끼는 사람 사이엔 언제나 모방과 실제 사물 간의 차이와 같은 것이 존재하지. ─좋아, 좋아. 내 말은 배우가 감성이 없을 경우 오히려 자기 자신과 분리될 필요가 없고, 한 번 도약하는 걸로 단번에 이상적 모델의 높이로 상승한다는 얘기야. ─갑자기 한 번 도약하는 걸로 단번에! ─말 갖고 트집 잡는군. 내가 말하고자 하는 것은 그가 결코 자신 안의 시시한 모델로 축소되지 않으면서, 탐욕과 위선과 이중성과 그 밖에 자신이 아닌 그 모든 성격, 그가 갖고 있지 않은 모든 열정과 같은 감성의 위대하고도 놀랍고도 완벽한 모방자

데, 이는 질문과 대답이 구별되는 두 인물에 의해 고정되어 있는 차원을 넘어서서 대화의 구성적 에너지, 세포분열을 연상케 한다." 한편 이러한 디드로의 형식적 특성을 '대화의 해체'로 보아야 한다는 입장도 있다.

가 되리란 거야. 천성적으로 감성적인 인물이 보여주는 것이 보잘것없는 반면, 그렇지 않은 사람의 모방은 강력해. 만약 그들이 모사하고 있는 것이 똑같이 강력하다 해도, 그렇다고 자네 뜻에 동의하진 않지만, 완전히 자기 자신을 통제할 수 있고 연구와 판단력으로 연기하는 사람은 나날의 경험이 그에게 드러내주는 그대로 반은 자연에 따르고 나머지 반은 연구에 따라, 혹은 반은 모델에 따르고 나머지 반은 본성에 따라 연기하는 그런 사람보다 더 일관성이 있을 거야. 이 두 가지 모방이 아주 교묘하게 함께 녹아들어가 있더라도 섬세한 관객은 쉽게 그것들을 분간해낼 거고. 그것은 심오한 예술가가 한 조각상 안에서 두 가지 다른 스타일을 분리하는 선을 분별해내거나, 앞모습은 한 모델에 따르고, 뒷모습은 다른 모델에 따르는 식으로 나뉜 경계선을 식별해내는 것보다 쉽지. ―완성된 배우는 머리로 연기하는 것을 그치고 자기 자신을 잊을 거야. 그의 마음은 어찌할 줄 모르게 되어 감성이 그를 사로잡고 그는 감성에 자신을 내맡긴다고. ―아마도. ―그는 우리를 열광 속으로 이끌어가겠지. ―그게 불가능하지는 않아. 하지만 그것도 그가 낭독법의 체계로부터 벗어나지 않고 통일성을 조금도 없애지 않는다는 조건하에서지. 그렇지 않으면 당신은 그가 미쳤다고 할걸…… 그래. 이런 가정하에서 자네가 좋은 시간을 보내리란 건 동의해. 하지만 훌륭한 연기를 보는 것보다 그저 좋은 시간을 보내는 걸 좋아하나? 자네는 그럴지 모르지만 나는 아니야.

(여기서 역설의 인간은 입을 다물었다. 그는 자신이 어디를 가는지 개의치 않으면서 큰 걸음으로 걸었다. 마주오는 사람들이 피했기에 망정이지, 그러지 않았다면 좌우로 부딪혔을 것이다. 그러더니 갑자기 멈춰 자신의 상대를 팔로 세게 잡으면서, 독단적이고도 조용한 어조로 말했다)

친구여, 자연의 인간과 시인, 배우, 이렇게 세 가지 모델이 있어. 자연의 인간은 시인보다 위대하지 않고, 시인 또한 가장 위대한 모습을 하고 있는 배우보다 위대해 보이지 않아. 이 배우는 다른 모델의 어깨 위로 올라, 바구니 공예로 만들어진 커다란 마네킹과도 같은 존재의 영혼이 되지. 그는 스스로를 더 이상 인식하지 못하는 시인에게조차 매우 놀라운 방식으로 이 마네킹을 움직여. 자네가 아주 잘 말한 것처럼 그는 우리를 소름끼치게 하지. 아이들이 흥분 상태에서 유령의 음산하고 껄끄러운 목소리를 최대한 흉내 내면서, 짧고 작은 윗옷을 머리 위로 올려 쓰고, 서로를 무서워하면서 놀라게 하고 있는 것과 마찬가지로. 하지만 자네는 사람들이 부조로 새겨놓은 아이들의 놀이 장면을 어쩌다 본 적이 없나? 거기서 자네는 늙은이의 추악한 가면을 쓰고 머리부터 발끝까지 감춘 채 앞으로 걸어가고 있는 아이를 보지 않았나? 이 아이는 무서워 도망가는 어린 동무들을 가면 아래에서 비웃지. 이 아이는 바로 배우의 상징이야. 그 동무들은 관객의 상징이고. 만약 배우가 시시한 감성만을 부여받았고, 그것이 그의 유일한 자질이라면, 자네는 그를 시시한 사람이라고 보지 않을까? 조심하게. 지금 내놓은 것 역시 하나의 덫이니까. —그가 만약 극도의 감성을 부여받았다면 무슨 일이 일어날까? —무슨 일이 일어나느냐고? 아무것도 연기하지 않든지 우스꽝스럽게 연기하든지 둘 중 하나겠지. 그래, 우스꽝스러울 거야. 원한다면 그 증거는 나한테서도 볼 수 있어. 난 조금 비장한 이야기를 할라치면, 마음과 머릿속에서 무언지 모를 거북함을 느껴. 혀가 잘 안 돌고 목소리도 변하지. 생각은 산산조각 나고 말은 허공에 매달리고 말을 더듬고 또한 그 점을 의식하지. 눈물은 볼을 타고 내리고 결국 입을 다물 수밖에 없게 되고. —하지만 그건 성공을 가져다줄걸. —사회에서라면. 하지만 연극에서라면 야유거리가 될 거야. —왜? —왜냐하면 사람들은 눈물을 보러 오는 게 아니라 바로 그 눈물들을 뽑아내는 말을 들으러 오는 것이고, 그런 자연의 진실은 관례적 진실과는 어울리지 않기 때문이지. 나는 스스로한테 이렇게 설명하곤 해. 즉, 극의 체계나 어떤 사건이나 시인의 언사들은, 억눌리고 툭툭 끊어지고 징징거리는 낭독과는 조화되지 않는다고. 자, 자네는 자연, 아름다운 자연일지라도 아주 가까운 데서 본 진실을 모방하는 것은 허용조차 되지 않으며, 그 속에 갇혀야 하는 한계들이 있다는 점을 알겠지. ─이 한계들은 누가 만든 거지? ─양식. 한 재능이 다른 재능을 훼손하지 않기를 바라는 양식 말이야. 가끔 배우가 시인에게 희생되는 때도 필요해. ─하지만 시인이 만들어놓은 것이 적절하다면? ─저런! 자네 것과는 전혀 다른 종류의 비극을 얻게 되겠지. ─그래서 안 될 게 뭐지? ─거기서 얻을 게 무엇인지 잘 모르겠군. 하지만 거기서 잃을 것이 무엇인지는 잘 알지.

여기서 역설의 인간은 두번째, 혹은 세번째로 자기 상대편에게 다가가서는 이렇게 말했다.

몰취미하지만 재미있는 이 말은, 재능 있는 어떤 여배우[140] 거야. 그녀에게는 두 가지 감정이 없어. 그것은 고생의 말과 그녀가 처한 상황하고 한 짝을 이루지.[141] 그녀도 필로-폴뤽스의 팔에 엎어져서 죽어가. 적어도 나는 그렇게 생각하고 있는데, 그녀는 그에게 아주 작은 소리로 말하지. "아!

---

140 소피 아르누(1740~1802). 당대의 가장 유명한 여가수. 어렸을 때 그녀는 퐁파두르 부인 앞에서 노래를 불러 주목을 끌기 시작하였고 17세 때 이미 오페라에 데뷔, 클레롱 등으로부터 연기를 사사했다.
141 앞에서 본 방백을 말하는 듯하다.

필로, 너 너무 냄새나."[142]

이는 텔라이르를 공연하는 아르누의 모습이야. 그런데 이 순간에 아르누가 진짜 텔라이르일까? 아니지. 그녀는 아르누이고, 언제나 아르누야. 극한으로 몰릴 경우 그 배우 또한 감성에 지배된다 할지라도, 자네는 모든 것을 망가뜨릴, 이도 저도 아닌 중간적 성질을 내가 칭찬하게 하지는 못할 거야. 시인이 희곡을 쓸 때는 그것이 사회 속에서와 똑같이 연극 속에서 낭독되게끔 썼을 거라고 생각해. 그러나 그런 연극을 공연한 사람이 누구일까? 아무도 없지. 아무도. 자신의 행동을 가장 잘 통제하는 배우일지라도. 어쩌다 한 번 그럭저럭 할 수 있을지 모르지만 그렇게 하기까지 수천 번은 실패할 거야. 그럴 때 성공은 거의 아무것도 아니야!…… 이 마지막 추론이 자네에게 별로 확실해 보이지 않는다고? 저런, 그럴 수도 있지. 하지만 그렇다고 해서 내가 우리의 거품들을 덜 빼게 되는 것은 아니며,[143] 연극배우들의 키를 커

142 디드로는 여기서 그림이 『개릭 관찰』의 한 주註에서 말한 일화를 든다. 하지만 그림이 전한 소피 아르누의 말은 더 온건한 것이었다. "아, 사랑스러운 필로, 너 참 못생겼구나." 필로는 장-필립 라모의 오페라 「카스토르와 폴뤽스」(이들은 그리스 신화에 나오는 쌍둥이로 제우스와 레다의 아들이다)에서 폴뤽스를 연기했고, 아르누는 텔라이르 역을 맡았다.

143 즉 비극적 스타일에서 거품을 빼고 좀더 단순한 문체를 대치시킨다는 말.

보이게 하는 의족들의 단을 낮추는 것도 아니고, 사물들을 있는 그대로에 더 가깝게 만들지 않는 것도 아닐 거야.[144] 자연의 놀라운 진실에 다가설 수 있는 천재적인 시인에게는 따분하고 단조로운 모방자들이 수없이 생겨날 거야. 따분하고 음산하고 혐오스러워지는 것을 무릅쓰고 선을 넘어 자연의 단순성 이하로 떨어지는 건 허용되지 않지. 그렇게 생각하지 않으세요?

2 : 아무 생각도 없어요. 당신 말을 듣지 않았거든요.

1 : 뭐라고요! 우리가 토론을 계속했던 게 아니라고요?

2 : 아뇨.

1 : 그러면 도대체 뭘 하셨죠?

2 : 몽상에 빠져 있었어요.

1 : 무슨 몽상을?

2 : 이름이 아마도 매클린일 한 영국 배우는 셰익스피어의 「맥베스」에 나오는 어떤 역을 연기했는데(그날 저는 그 공연에 갔어요), 관객들에게 개릭을 따라 연기하는 무모함에 대해 사과하면서 여러 가지 말을 했어요. 배우를 사로잡아 천재와 영감에 복종시키는 인상들은 자신에게 매우 해롭다는 말도 했지요. 저는 그가 그렇게 말한 이유를 잘은 모르겠어요. 하지만 그것들은 매우 뛰어났고 공감과 갈채를 받

---

144 즉 비극의 거드름과 뻣뻣함을 던다는 말.

앗어요. 그 점에 대해 궁금하다면 캥틸리앵의 서명과 함께 『성 제임스 연보』에 실려 있는 한 편지에서 그것들을 발견하실 수 있을 거예요.[145]

1 : 그럼 오랫동안 저 혼자 말했다는 건가요?

2 : 그럴 수도. 저도 전적으로 혼자 오랫동안 꿈꾼 거고요. 옛날에 남자 배우들이 여자 역할을 했던 것을 아시지요?

1 : 알아요.

2 : 로마의 아울루스 겔리우스가 『아테네의 밤』에서 말하기를, 폴뤼스란 사람이 엘렉트라의 으스스한 옷가지들을 걸친 채 오레스테스의 유골 단지를 갖고 무대 위에 나타나는 대신, 막 잃은 자기 아들의 재가 담긴 유골 단지를 끌어안고 나타났대요. 그때 그것은 하나의 헛된 재연, 연극적 소소한 괴로움이 아니라 홀 전체에 울음과 신음 소리가 울려 퍼지는 것이었답니다.[146]

1 : 그런데 그때 무대 위에서 폴뤼스가 자기 집에서처럼 했다고 보시나요? 아니죠. 저도 의심치 않는 이 놀라운 효과

---

145 에른스트 뒤퍼는 이 일화가 『성 제임스 연보』에 캥틸리앵이라는 서명과 함께 실제 실려 있던 것임을 밝혔다. 개릭의 경쟁자였던 늙은 배우 매클린은 1773년 10월 30일 토요일 코벤트 가든의 무대에서 이 말을 했다고 한다.

146 고대 아테네에서 소포클레스의 「엘렉트라」를 공연한 배우 폴뤼스의 일화.

는 에우리피데스의 시 구절들에 속하는 것도, 배우의 낭독에 속하는 것도 아니에요. 그것은 바로 아들의 유골함을 눈물로 적시며 비탄에 잠긴 아버지를 보면서 나타나는 것이지요. 아마 폴뤼스는 한낱 시시한 배우에 지나지 않았고, 플루타르크가 다음과 같이 보고한 아에소푸스조차도 못 될 겁니다. "어느 날 그가 무대에서, 어떻게 하면 형제인 티에스테스에게 복수할 수 있을지를 곰곰 생각하고 있는 아트레우스 역할을 하고 있을 때, 우연히 그의 하인들 중 하나가 갑자기 그 앞으로 뛰어 지나가려 했다. 아에소푸스는 아트레우스 왕의 사나운 열정을 생생히 표현했던 열정과 격렬한 감정으로 인해 이성을 잃고, 손에 잡고 있던 왕홀로 하인의 머리를 내리쳤다. 그 자리에서 그는 죽고 말았다."[147] 호민관은 그 미치광이를 타르페이아 산으로 즉각 보내야 했다죠.

2 : 그랬죠, 아마.

1 : 믿어지지 않습니다. 로마인들이 위대한 배우의 삶은 그토록 존중했으면서 노예의 삶은 그렇게 존중하지 않

---

147 플루타르크, 『키케로의 삶』에 나오는, 키케로의 친구였던 비극 배우 클로디우스 아에소푸스의 이야기. "어느 날 어떻게 하면 자기 형제 티에스테스의 복수를 할 수 있을까를 곰곰 생각하는 역할을 할 때, 한 하인이 그 앞으로 갑자기 지나칠 일이 있었다. 그는 왕의 광포한 열정을 표현하기 위한 열의와 격렬한 감정에 사로잡혀 제정신이 아니었고, 손에 잡고 있던 왕홀로 그의 머리를 내리쳐 그를 그 자리에서 죽게 했다."

았다니!

하여간 웅변가는 흥분하고 화낼 때가 더 낫다고들 하지요. 저는 그것을 부정합니다. 그보다는 화내는 것을 모방할 때가 나아요. 배우들이 관객들에게 인상을 남길 때는 그들이 실제 격분했을 때가 아니라 그 격분을 잘 연기할 때입니다. 법정에서, 의회에서, 그리고 그 밖에 우리가 다른 사람들의 정신을 지배하려는 곳에서 그들은 어떨 땐 화내는 체하고, 어떨 때는 두려운 체하며, 동정하는 체도 하지요. 다른 사람들을 여러 감정들로 이끌고 가기 위해서. 열정 그 자체가 만들 수 없었던 것을, 잘 모방된 열정이 실제로 보여주는 거죠.

사회에서 인간이란 위대한 배우라고 말하지 않던가요? 우리는 이 말을 인간이 느낀다는 것으로 이해하지 않습니다. 반대로 그가 아무것도 느끼지 않음에도 불구하고 잘 모방한다는 것으로 이해하지요. 그것은 배우의 역할보다 더 어려워요. 왜냐하면 사회에서 인간은 할 말을 더 찾아야 하고, 시인과 배우라는 두 가지 기능을 수행해야 하기 때문이죠. 무대 위의 시인은 세상 속의 배우보다 더 능란할 수 있어요. 즐거움과 슬픔과 감수성과 경탄과 증오와 부드러움을 가장하는 데 있어 무대 위의 배우가 늙은 궁정인보다 더 속이 깊고 능숙할 수 있다고 생각하지 않나요?

그건 그렇고, 이제 늦었으니 저녁이나 먹으러 갑시다.

옮긴이의 말
냉정한 관찰과 거리 두기의 연기

들어가며

우리나라에서 18세기 프랑스의 계몽사상가, 백과전서
파 철학자의 한 사람 정도로 알려져 있던 디드로는,『수녀』
『라모의 조카』『운명론자 자크』등 소설들이 차례로 번역되
면서 또 다른 면모가 소개된 작가이다. 물론 그는 18세기 계
몽사상을 집대성했다 할 수 있는『백과전서』의 편집을 맡
아 근 20년에 걸친 오랜 기간 동안 갖가지 역경 속에서도 굴
하지 않고 끝까지 이것을 세상에 배포하기 위해 총력을 기
울였던 사람이다. 또 그 자신『백과전서』의 여러 항목들을
직접 쓰기도 하면서, 또한『맹인에 관한 서한』『철학적 사
색들』『달랑베르의 꿈』등을 통해 당대의 기계론적 유물론
을 수용하면서 한 단계 뛰어넘는 모습을 보여준 철학자이기
도 했다. 그러나 이런 사상가, 철학자로서의 디드로에 못지
않게 우리의 관심을 끄는 것은 작가이자 예술 이론가로서의
디드로, 그 모든 철학과 미학, 윤리학의 주제들을 독특한 대
화 형식 속에서 풀어가는 디드로이다.

이러한 디드로의 특징은 그가 철학적 실천과 미학적 실천을 분리시키지 않았다는 데서 나온다. 이는 근대적 학문과 예술의 구별 이전의 18세기 지식들이 처한 상황 탓으로만은 돌릴 수 없는 특징으로서, 그보다는 그것이 그가 생각한 계몽의 시대의 이상에 맞는 태도였기 때문으로 설명하는 것이 옳을 것이다. 또한 그는 늘 체계에 대한 강한 혐오와 불신을 드러냈으며, 거짓된 정합성보다는 진리가 솟아오르는 과정을 있는 그대로 보여주는 대화체 글쓰기를 선호했다. 이런 그에게서 모든 주제와 형식은 상호 모순되면서 뒤섞여 있는 듯이 보이는데, 바로 이 점이 오랫동안 그를 재능 없는 극작가, 시시한 비평가, 혼돈에 빠진 철학자 등의 평가를 받게 한 이유가 되었다고 할 수 있다. 그러나 그러한 편견을 뒤로하고 그의 글들을 읽어나갈 때 독자들은 끊임없는 유동 속에서 모든 것들이 대립되면서 연관되고 또 전화되어 나가는 변증법적인 사고와 글쓰기 방법들에 대한 귀중한 통찰의 기회를 갖게 될 것이다.

『배우에 관한 역설』의 배경과 논점

『배우에 관한 역설』은 디드로의 연기론을 알 수 있게 하는 귀중한 자료이면서 동시에 디드로 말기의 예술관을 집약하고 있는 글이다. 원래 이것은 『개릭 혹은 영국 배우들, 극예술과 공연 예술, 배우들의 연기에 대한 성찰이 담긴 책』이라는 번역서에 대한 서평 형식으로 1769년에 씌어, 유럽 각국의 개명된 귀족들에게 돌려 읽히던 『문학 통신』에 이듬해 두 차례에 걸쳐 나누어 실었던 총 10여 페이지 분량의 글이었다. 그러나 그의 여러 글이 그러하듯이 디드로는 말년까지 계속 이에 대한 확장과 수정을 거듭한다. 즉 1773년과 1777년에 다시 손보면서, 글의 체제를 모놀로그 형식에서 대화 형식으로 바꾸었을 뿐만 아니라, 자신의 논지를 도와줄 여러 예들을 넣어 처음보다 세 배 이상 늘어난 글로 만든다.

18세기는 17세기만큼은 아니더라도 여전히 연극의 영향력이 지대하던 시대였으며 디드로 자신이 젊은 시절 배우란 직업을 심각하게 고려하기도 했던 사람이었다. 그는 「사생아」나 「가장」이라는 희곡을 쓰고 상연도 했으며 이들 각각의 작품과 함께 『「사생아」에 대한 대담』과 『극시론』을 첨부하여 자신의 연극 이론을 펼쳤을 정도로 연극의 이론과 실제 모든 면에 대해 관심이 지대했다. 전체적으로 보아 그의 극작들은 극의 예술적 성취와 흥행 면에서 그의 기대만큼은 성공적이지 못했지만 그것들과 함께하는 『「사생아」에 대한 대담』『극시론』은 오늘날 18세기 부르주아 드라마의 중요한 이론서로 간주되고 있을 정도로 연극사에서 뚜렷한 위치를 차지하고 있다.

희곡들과 연극 이론을 쓸 당시의 디드로는 미덕에 인간의 진실이 존재한다고 생각했으며, 연극은 이 미덕을 사랑하고 악덕을 두려워하게 하는 마음을 관객들에게 고취시켜야 한다고 생각했다. 그리고 희극이나 비극이란 양분법으로는 설명할 수 없는 인간의 진실을 그리기 위한 장르로서 드라마, 혹은 진지극, 부르주아 가정 비극이란 장르를 제창한다. 이 장르는 고전 비극의 위대한 인물의 특이하고 숭고한 불행이나 희극의 인물들이 보여주는 일반화된 성격들이 아니라, 한 가정 거실의 평범한 인물의 행복과 불행을 주제로 삼고자 했다. 여기에는 인간에겐 불행만이 아니라 행복도 존재하며, 비극과 희극을 확연히 구별하는 종래의 연극은 이러한 인간의 조건을 담을 수 없다는 생각이 깔려 있었다.

그러나 그로부터 15년이 지난 후 그가 쓴 『배우에 관한 역설』은 연극론 그 자체보다는 연극현상학이라 할 만한, 무대 위 배우의 연기 자체에 집중된 논의를 펼치고 있다. 앞선 시기에 디드로는 연극의 교화적 기능에 몰두해 있었고 그에 맞는 시학을 개발하기에 부심하였지만, 연기 문제 앞에서는 기술적인 측면의 권고에 그쳐, 웅변적이고 과장적인 낭독법을 지양하고, 느낀 대로 자연스레 연기하는 것이라든지 몸동작에 의거한 열정에 찬 팬터마임을 강조하는 정도였다. 하지만 이제 『배우에 관한 역설』에서 그는 배우의 존재론적 상황에 대한 심오한 검토로부터 시작, 바람직한 연기의 향방을 직접 문제 삼고 있다. 인간의 우스꽝스러움과 악덕을 보여주고, 정직함과 덕성을 웅변적으로 가르치는 설교자로서의 배우의 역할을 여전히 인정하지만, 그렇다고 해서 예술가의 품행과 예술적 성취를 곧장 연결시키는 모럴리스트적 입장을 취하는 것이 아니라, 곧장 연기 현상에 대한 분석에 들어가 그 비의들을 밝혀내고 이에 대한 의식의 검증을 도모하고 있는 것이다.

그가 보기에 위대한 배우란 무엇보다 자신의 주관적 감정에서 벗어나 '감각의 지속적인 관찰자'가 될 수 있는 사람이다. 역사나 상상력으로부터 자신이 맡은 역할에 대한 이상적 모델을 만들어 그것을 제대로 모방하는 능력을 가질 수 있어야 한다. 천재적인 자연의 모방자들은 "아름다운 상상력과 위대한 판단력과 섬세한 촉각과 매우 확실한 취향을 가졌으면서 또한 가장 덜 감성적인 사람들"(20쪽)이라고 못박는다. 그 예로 인간은 친구나 애인이 죽어 슬픔에 잠겼을 때 곧바로 그에 대한 시를 쓸 수는 없는 존재로서 예술 작품이 나오는 순간은 "고통의 시간이 지나가고 극단적인 감정이 가라앉고 재난을 겪은 순간으로부터 멀리 떨어져 영혼이 잔잔해진 다음, 지나가버린 행복을 기억해내고 잃어버린 것을 감상할 수 있게 될 때, 기억이 상상과 만나 하나는 그것을 반추하고 다른 하나는 가버린 시간의 달콤함을 과장하게 될 때, 바로 사람들이 자신을 제어"(57쪽)할 때라고 말하고 있다.

『달랑베르의 꿈』 직후에 집필된 것으로 알 수 있듯이 『배우에 관한 역설』의 이러한 생각들은 그의 유물론의 진전 및 인간관의 변모와도 관련된다. 그는 스스로를 매우 감성에 치우친 인간이라고 생각했지만 인간이란 두뇌와 감성의 시스템이라는 대조되는 구조 속에 사는 존재이며, 이 역설적 시스템 속에서 자신의 주인이 되어야 한다고 생각했다. 그 이중성에 대해 인식하지 못하고 감성에 치우친 인간을 뇌가 아닌 횡격막에 의해 좌우되는 범용한 인간이라고 말하면서, 후기로 갈수록 차가운 피, 자기 통제를 강조하게 된다.

디드로가 보기에 배우는 열정에 빠져 연기하는 순간에도 자기 자신을 잃지 않으면서, 스스로를 관찰할 수 있는 침착하고 냉정한 머리를 갖고 있어야 한다. 그렇기 때문에 배우란 그 누구보다도 인간의 이중적인 상황을 집약하고 있는 존재라고 할 수 있다. 배우의 재능을 완성시키는 것은 타고난 목소리나 섬세함뿐 아니라 '인간의 마음과 세상의 관례에 대한 지식'으로부터 자신이 모방해야 할 모델을 머리에 설정하고 꾸준한 노력과 폭넓은 경험 등을 통해 그것에 근접해가려는 노력과 의지이다. 좋은 연기란 감수성 자체에서 나오는 것이 아니라 그것의 외적인 신호들을 얼마나 잘 파악하고 숙지하고 표현해내느냐에 달려 있다. 앞선 시기, 그가 강조해 마지않았던 자연스러운 연기란 것도 바로 인위적인 기교와 계산이 절정에 달했을 때 나온다고 보며, 어쩌면 이것이 바로 그가 말하는 배우의 역설, 즉 연기의 역설이다.

이러한 생각은 또한 디드로 자신이 『살롱 1767』의 첫 부분에 이론화시킨 이상적 모델에 대한 미학적 논의의 확장이라고 할 수 있다. 이는 플라톤의 관념론적 미학을 연상시킬 수 있으나, 그를 관념론과 구별시키는 것은 미美 그 자체의 문제들과 사회·정치·연극의 그 모든 문제들을 상호 연관시켜 사고하는 태도, 즉 미적 행위도 노동 행위의 하나로서 설명하는 태도이다. 바로 이 점을 염두에 둘 때, 여기서 주장하는 거리를 둔 간접적 교육자, 설교자로서의 배우의 존재가 갖는 함의를 생각할 수 있게 되며, 그러한 배우는 감정이나 환상에 의존하는 배우와 전적으로 배치된다는 점을 알 수 있게 된다.

『배우에 관한 역설』에서 디드로는 이렇듯 연습과 노력에 기초하여 무대뿐 아니라 사회에서의 역할을 숙지하고 있는 배우의 차가운 지성과, 거리 두기에 근거한 연기를 주장하고 있다. 이러한 거리 두기의 미학은 다름 아닌 연극에서의 현실주의라고도 말할 수 있는데, 이러한 생각은 비단 연기에 대해서만 국한되지 않는다. 소설 미학의 경우 『수녀』의 동화의 시학이 말년의 『운명론자 자크』에서 보이듯 거리 두기의 시학으로 변모하는 것처럼, 디드로는 사회 문제 앞에서도 말년으로 갈수록 직접적으로 문제를 제기하고 항거

하는 열정적인 입장에서 벗어나, 가면을 쓰고 개혁이 될 때까지 기다리면서 그 개혁 대상을 끊임없이 공략하고, 그 공략의 여러 형식에 대해 숙고할 것을 권고하고 있다. 이는 일견 굴욕적이고 순응주의적이나 어쩌면 현실적으로 보다 강하고 파괴력 있는 입장일 수 있다. 도덕적 열정과 순결성을 위해 어떤 전술도 용납하지 않는 태도를 경계하고 보다 현실적인 개혁의 실현을 모색하는 것이기도 하다. 이런 생각에 동의하든 그렇지 않든 『배우에 관한 역설』은 정치적 입장의 변모가 미학적 입장의 변모와 결코 분리되지 않는다는 사실을 잘 보여주는 또 하나의 예라고도 할 수 있을 것이다.

『배우에 관한 역설』의 글쓰기 방법과 현대적 의의

이렇게 『배우에 관한 역설』은 당대 연극 미학의 문제에서 시작, 정체성과 내적 변증법의 문제, 현실과 재현의 문제, 우리가 주인공인 세상이란 무대 위에서 우리가 어떻게 해야 힘을 얻게 될 것인가 하는 윤리적·정치적 태도의 선택 문제 등등을 포함하고 있다. 그런데 이 또한 디드로의 여느 작품들이 모두 그러하듯이 어느 하나로 환원되는 고정 불변의 대답을 피하려고 애써 노력하고 있다. 이 점에 대해 디드로 연구자 조르주 벤레카사는 『배우에 관한 역설』이 롤랑 바르트가 말하는 의미에서의 텍스트, 고정된 의미로 행하는 단선적 움직임이 아니라, 끊임없이 환기되고 뒤집히는 열린 텍스트가 되고자 한다고 설명한다. 그러나 여기서 열린 텍스트라 함은 단지 결론이 없다는 말이 아니라 공적인 영역과 사적인 영역이, 연극의 무대와 세상의 무대가, 재현된 진실과 연극적 진실이, 파토스와 감성의 제어라는 문제들이 함께 논박되고 소통하는 특별한 공간을 향해 열려 있는 텍스트란 말이다. 디드로의 여타 텍스트들에서처럼 여기서도 여러 의견들은 끊임없는 탈선, 끼어들기로 인해 늘 반대되는 질문들에 대한 대답을 시도한다. 대화의 주요한 주제라 할 수 있는 것도 언뜻 보기처럼 이상적 모델의 미학, 고대와 근현대의 연극 미학의 문제들로 고정된 채 나타나는 것이 아니라 끊임없는 움직임 속에서 나타난다. 주장과 반박과 재반박, 예증과 반대되는 예증과 또 그에 반대되는 예증들, 일화와 반일화들이 계속되면서 기묘하고도 예외적인 대화의 형태를 보여주고 있다.

여기서 디드로가 자신의 논지를 펼치기 위해 언급하는 것들이 고전극들이라 할지라도 특히 두드러져 보이는 연극적 파토스, 배우의 감성에 대한 날카로운 분석은 연극의 세계에서 어디까지나 현재적인 의미를 지니고 있는 것으로 보인다. 연극적 언어, 즉 가상을 통해 진실로 나아가는 과정의 문제 또한 오늘날에도 계속 고민되고 있는 문제이다. 여기엔 오늘날의 연기론에서도 계속 논의의 주제가 되고 있는 배우의 자기 동일성과 타자의 재현 문제도 포함한다. 또 맥락은 많이 다를지 모르지만 소격 효과를 주장하는 브레히트를 연상하게 하기도 한다. 나아가 의식의 이중성, 그 끝없는 자기 분열에 대한 사르트르의 설명들을 연상시키기도 한다. 디드로가 묘사하는 배우의 조건은 타인이 본 우리와, 우리 자신이 본 우리 사이의 간극을 누구보다 더 잘 인식하고 있는 존재로서의 그것이기 때문이다. 또 장 주네의 연극 등에서 보듯 연극 속 연극이란 장치를 도입함으로써, 디드로는 자기 반영적 현대 연극의 경향들을 미리 끌어들였다고도 말할 수 있다. 이 모든 것들을 통해 독자들은 연극적 상황과의 동일시와 그로 인한 모호한 최면 상태, 자연스럽다는 환상의 기만성에서 벗어나, 어떻게 관객이 자기 자신의 세계의 한 국면으로서 연극을 인식하게 되는지 성찰하는 기회를 얻게 될 것이다.

맺는 말

젊은 날 한때의 나는 매우 열심히 연극을 보러 다녔다. 배우가 될 자질과 용기는 부족하여 연기는 시도해보지 못했지만 연우무대의 「변방에 우짖는 새」에 자료조사원이란 이름으로 연습실 구석의 한 자리를 차지해보기도 했고 표를 팔러 다니기도 했다. 그 당시 내가 배우들에 대한 인터뷰 기사를 읽을 때 가장 흔히 보게 되고 가장 거부감을 느끼게 되는 말들이 있었으니 그것은 "배역에 푹 빠져 그와 함께 살았다" 등등의 말이었다. 많은 배우들은 마치 그것이 연기의 처음과 끝인 양, 자신이 맡은 역할과 거리가 없게 되는 것을 의심할 바 없는 교의로 받아들이고 있는 듯했고 많은 기자들이나 관객들도 거기에 호응하는 듯했다.

그러나 나는 늘 그런 말들을 들을 때마다 편치 않았다. 내용 이전에 "또 그 말이야" 싶게 흔해빠진 상투적인 표현 그 자체에 대한 회의가 들었다. 무릇 상투어는 여러 사람들에 의해 이렇게 저렇게 공유되면서, 결국 독특한 정황을 표현해주는 능력을 상실한 언어가 아니던가? 앞선 배우들이 한 말을 뒤에 나온 배우가 앵무새처럼 답습한다는 사실은 배우들이 스스로 생각해보지 않고 남들이 이미 한 말을 무비판적으로 되풀이하고 있다는 의심을 자아냈다.

말 자체를 떠나 내용을 따져봐도 석연치 않은 구석은 많았다. 배우가 자기 배역에 빠져 그것과 자신을 동일시하는 것이 과연 좋은 연기를 가져오는가? 오히려 그런 생각은 우리가 흔히 보듯 배우가 자기 연기에 도취된 듯한, 그래서 자연스럽지 못하고 소름 돋게 하는 연기를 하게 하진 않는가? 오히려 좋은 연기를 위해서는 그 역할과 자신을 일치시키지 말고 철저히 자신과 떨어져 그 역할과 무대가 요구하는 사항들에 대해 면밀히 따져보고, 연극 속 인물들이 빠져 있는 상황들에 대해 관찰과 연구를 거듭하며, 그것을 어떻게 효과적으로 표현하고 전달할 수 있는지를 고민해야 하는 것 아닌가?

『배우에 관한 역설』은 내가 막연히 생각하고 있던 이러한 생각을 보다 명료하게 표현해주고 또 미처 생각하지 못했던 것들까지 여러 가지로 짚어주고 있는 듯하여 반가웠다. 여기서 디드로는 『라모의 조카』 속의 '그'와 같이 사람들의 생각 속에 똬리를 틀고 있는 획일적·상투적인 생각들을 깨뜨리는 효모와 같은 존재가 되어, 연기와 그 모든 예술과 삶의 태도들에 대해 접근하고 있다. 내 이런 느낌이 그른지 옳은지 이 책을 읽을 독자들과 함께 토론해보았으면 좋겠다.

번역의 저본으로는 폴 베르니에르Paul Vernière가 편집한 『디드로 미학작품집 Œuvres esthétiques』(Garnier, 1968)에 실린 것과 아르망 콜랭Armand Colin판(1992)을 동시에 참조했었는데 이번에 다시 손보아 내면서는 로랑 베르시니Laurent Versini가 편집한 『디드로 미학-희곡작품집 Œuvres esthétique-Théâtre』(Robert Laffont, 1996)도 같이 봤다. 어느 선까지 주를 달 것인가가 고민거리의 하나였는데 혹자는 너무 자세하다고 생각할 것이며 혹자는 부족하다고 여길 것이다. 너무 많은 주가 자연스러운 독서의 흐름을 방해한다고 여기는 독자들은 주에 너무 구애받지 말기를 바란다. 또 원문의 느낌을 살리기 위해 지나친 의역은 피했는데, 그래서 좀 딱딱해 보일 수 있겠다. 21세기 한국에서 18세기 프랑스로 이동하는 거리 두기의 한 예식 행위로 생각해보면 고맙겠다.

2021년 봄
주미사

작가 연보

1713   10월 5일, 프랑스 동부 랑그르 시에서 칼 제조업자 디디에 디드로와 피혁 제조업자 가정 출신 앙젤리크 비뉴롱의 7남매 중 장남으로 출생. 그의 집안은 오래전부터 이 일에 종사해왔으며 종교와 윤리를 중시하는 소박한 부르주아 계급에 속했음.

1723   랑그르의 예수회 학교에 입학.

1726   교구참사원인 외삼촌 디디에 비뉴롱의 자리를 물려받기 위해 삭발례를 받음.

1728   외삼촌이 사망하자 파리로 감. 당시 예수회 학교였던 루이 르 그랑 중학교에서 후일 프랑스 초기 유물론의 이론가가 된 라메트리 등과 수학. 1732년까지 아르쿠르 학교, 장세니스트들이 운영하는 보베 학교 등에서도 청강.

1732   바칼로레아에 해당하는 문학사 자격 획득. 소르본 대학에서 수학.

1735   학사 학위에 해당하는 신학사 자격 획득했으나 몇 달

후 성직 포기.

1736   약 5년간 랑그르 출신의 한 대소인의 사무실에서 일하
거나 금융인 랑동 드 마산의 집에서 가정교사 생활을
하는 등, 불안정한 보헤미안 생활을 한 것으로 추정됨.
『라모의 조카Le Neveu de Rameau』에 그 시절의 디드로에
대한 암시들이 있음. 그의 아버지는 보헤미안 생활을
계속하는 아들의 채무 변제를 거부함. 계속 라틴어-영
어 사전으로 영어를 익히고 수학을 가르쳐 근근이 살면
서 신학자와 배우라는 직업 속에서 방황하는 등, 지직
인 모색의 시간을 보냄.『배우에 관한 역설Paradoxe sur le
comédien』에도 언급되는 고생과 당주빌, 르사주 등에 매
혹됨.

1741   리넨 제조인의 딸이자 미래의 아내 앙투아네트 샹피옹
과 만남. 소설가 바퀼라르 다르노에게 보내는 서한체
시를 씀.

1742   5월, 영국의 역사학자 템플 스테니언의『그리스사
L'Histoire de Grèce』번역. 8월, 장-자크 루소와 교류 시작.
12월, 결혼 승낙을 얻기 위해 랑그르로 감.

1743   1월, 아버지에 의해 수도원에 감금된 후 한 달 만에 탈
출, 파리로 돌아감. 4월,『그리스사』출간. 10월, 가족의
반대를 무릅쓰고 결혼.

1744   4월, 로버트 제임스의『의학 사전Dictionnaire de médecine』

의 공동 번역에 대한 국왕의 윤허를 받음. 8월, 첫딸 출생. 일찍이 수녀가 되었다 정신질환으로 죽은 여동생의 이름을 따라 앙젤리크로 불렸던 그 딸은 한 달 만에 사망. 루소를 통해 감각론 철학자 콩디야크를 알게 됨. 1747년까지 외과 의사 세자르 베르디에의 강의를 들음.

1745 샤프스베리의 『가치와 미덕에 대한 에세이*Essai sur le mérite et la vertu*』 번역, 출간. 퓌지외 부인과 사귀기 시작.

1746 디드로가 대부분 번역한 『의학 사전』 출간. 1월, 출판업자 르브르통이 영국 체임버스의 『백과사전*Cyclopædia*』 번역을 기획·의뢰하였고 국왕의 윤허를 받음, 단순히 번역하는 것으로 기획된 이 사업은 장차 프랑스 지식인들에 의해 다시 집필되면서 계몽사상의 집결지가 됨. 4월, 종교적 맹신에 관해 쓴 『철학적 사색들*Pensées philosophiques*』 출간, 파리 최고법원에 의해 제작 금지됨. 첫아들 프랑수아가 태어남.

1747 10월, 달랑베르와 더불어 『백과전서*Encyclopédie*』의 책임 편집자가 됨. 무종교를 고백한 『회의주의자의 산책*Promenade du sceptique*』 집필.

1748 1월, 다소 외설적이란 평을 듣고, 스스로도 나중에 후회한 『경솔한 보석*Les Bijoux indiscrets*』 출간. 5월, 『수학의 여러 주제에 관한 논문*Mémoires sur différents sujets de mathématiques*』을 집필, 다음 달 발표, 독창적인 수학자

로 인정받음. 의학과 외과 의술에 관한『외과 의사 모
랑에게 보내는 서한Lettre au chirurgien Morand sur les troubles
de la médecine et de la chirurgie』을 소책자로 출간. 어머니
사망.

1749   6월,『맹인에 관한 서한Lettre sur les aveugles』출간. 이신
론자 볼테르는 이 책의 무신론 비난. 7월에 파리 근교
뱅센 감옥에 갇힌 뒤, 준법 계약서를 쓰고 11월에 석방
됨. 루소는 디드로를 면회 가다가 디종 아카데미 현상
공모를 보고 그 유명한『학문예술론』을 쓰게 됨. 감옥
에서 디드로는 플라톤의『소크라테스의 변명Apologie de
Socrate』번역. 퓌지외 부인과 결별. 석방된 뒤 루소의 집
에서 독일 태생 돌바크, 그림 등과 교유 시작. 이후 전
자는『백과전서』집필에 크게 관여했고, 후자는『문학
통신Correspondance littéraire』이라는 유럽 귀족들에게 보
내는 정기 간행물에 디드로의 글을 많이 싣게 됨.

1750   6월, 첫아들 프랑수아 사망.『백과전서』1권 편찬 작업
에 몰입.『백과전서』의 취지문이 인쇄되어 1,500부 배
포됨. 9월, 둘째 아들 드니 로랑이 태어났으나 백일을
넘지 못하고 사망.

1751   1월,『백과전서』취지문에 관해 베르티에 신부와 논쟁.
2월,『농아에 관한 서한Lettre sur les Sourds et Muets』출간.
달랑베르와 함께 베를린 학술원 회원으로 임명됨. 6월,

『백과전서』1권 발간.

1752   1월,『백과전서』2권 발간.『백과전서』기고자 중 한 사
       람인 프라드 사제가 1751년 소르본 대학에 제출한 학위
       논문이 유죄 판결되어, 2월에『백과전서』도 발행 금지
       되었으나 5월에 국왕의 연인이자 철학자들의 후원자였
       던 퐁파두르 부인의 중재로 금지령 취소됨. 7월,『프라
       드 사제 변호 Apologie de l'abbé de Prades』를 익명으로 발표.

1753   9월, 무남독녀로 남게 되는 마리 앙젤리크 디드로 출
       생. 11월,『백과전서』3권 발간과 함께『자연의 해석에
       관하여 De l'interprétation de la nature』초판이 발간되고, 이
       듬해 1월 개정판 발간.

1754   『백과전서』4권 발간. 결혼 이후 처음으로 고향 방문,
       연말을 보냄.

1755   7월, 소피 볼랑과 만나 평생에 걸친 편지 교류가 시작
       됨. 그 서한집은 디드로 연구의 중요한 자료가 되고 있
       음. 11월,『백과전서』5권 발간.

1756   5월,『백과전서』6권 발간.

1757   국왕 암살 미수 사건 이후 왕실의 사상 탄압 강화됨.
       희곡「사생아 Le Fils naturel」를『「사생아」에 대한 대담
       Entretiens sur Le Fils naturel』과 함께 발간. 은둔 생활을 하
       던 루소와「사생아」에 나오는 '악인만이 혼자 산다' 문
       구 때문에 틀어지고 3월, 루소와의 불화 시작. 11월,

『백과전서』 7권 발간. 여기 포함된 달랑베르의 '주네브' 항목으로 루소는 격분하고 12월 디드로와 영원히 절교. 루엘의 화학강의 수강 시작.

1758 달랑베르가 『백과전서』 공동 책임 편집자 직을 사퇴함. 11월, 희곡 「가장 *Père de famille*」과 『극시론 *Discours sur la poésie dramatique*』을 묶어 발간.

1759 엘베시우스의 『정신론』이 유죄 판결 받으면서 『백과전서』 발행도 다시 금지되고 이미 출간된 책들에 대해서도 수정 명령이 떨어짐. 집필자들은 당국의 블랙리스트에 오르고, 튀르고 등 『백과전서』의 협력자들도 손을 떼었으나 불태워질 뻔한 원고들을 말제브르가 자택에 숨겨줌으로써 겨우 작업을 이어감. 6월, 부친 사망했으나 투옥되어 있어 장례식에 참석 못 함. 7~8월, 고향으로 돌아가 유산을 공동 상속받음. 9월, 그랑발에서 『문학 통신』의 편집자 그림의 요청으로 미술 평론집 『살롱 1759』 집필 시작. 프레롱이 표절 시비를 걸었으나 무죄 판결 받음.

1760 2월, 크루아마르 후작과 서신을 교환하면서 『수녀 *La Religieuse*』의 집필 시작. 5월, 디드로를 공격하는 팔리소의 「철학자」가 공연됨. 7월, 『문학 통신』에 「공공기념물 건축에 대한 생각」 발표. 그를 프랑스 학술원 회원으로 만들기 위한 움직임이 볼테르에 의해 추진됨. 교

구참사원이 될 동생에게 관용에 대한 편지를 쓰고, 이는 『백과전서』에도 '불관용'이란 항목으로 수록됨.

1761 함부르크에서 상연되었던 「가장」이 파리 코메디 프랑세즈에서 9회 상연됨. 9월, 『백과전서』의 마지막 열 권 (8~17권) 검토 작업 완성. 『살롱 1761』 집필. 『라모의 조카』 초고 집필하고 평생에 걸쳐 손보게 됨. 『리처드슨 예찬 *Éloge de Richardson*』을 집필하여 이듬해 출간.

1762 『백과전서』를 러시아에서 발간하라는 예카테리나 여제의 시종 슈발로프 공작의 제안을 거절. 1772년까지 이어질 『백과전서』의 도판 출간이 시작됨. 『라모의 조카』 집필에 착수. 로런스 스턴을 알게 되어 『트리스트럼 샌디』를 읽음. 이는 이후 『운명론자 자크 *Jacques le fataliste*』에 매우 큰 영향을 미침. 「『철학적 사색들』 보론 *Addition aux Pensées philosopiques*」 집필하여 이듬해 발표. 「그와 나 *Lui et Moi*」 집필.

1763 3월, 『살롱 1763』 발표. 10월, 『에밀』로 제소된 루소를 변호. 3년간 파리에 체류할 데이비드 흄과 교류 시작. 영국 배우 개릭을 알게 됨.

1764 11월, 출판사에 의해 『백과전서』의 마지막 열 권 중 물의를 일으킬 만한 여러 항목들이 삭제된 것을 발견하나 출간 작업 종료에 동의.

1765 4월, 루소와의 화해 시도가 있었으나 루소의 거절로 와

해됨. 딸의 지참금 마련을 위해 예카테리나 2세에게 장서를 팔기로 하고 당국의 허가를 받음. 만 5천 리브르와 매년 100피스톨의 연금을 받는 대신 디드로 사후에 상트페테르부르크 도서관에 장서를 넘긴다는 후한 조건이었음. 레이날 신부의 『두 인도의 역사 *Histoire des deux Indes*』 집필 참여를 요청받음. 그 일부는 후에 「여성에 대하여 *Sur les femmes*」에 첨부됨. 『운명론자 자크』 집필 시작. 9월, 『살롱 1765』 집필. 조각가 팔코네와 예술에 대한 서신 교환 시작, 이 서신집은 이후 『찬성과 반대 *Le Pour et le contre*』로 알려짐.

1766   1월, 『백과전서』의 마지막 열 권이 예약자들에게 배포됨. 예카테리나 2세가 50년 수당을 미리 지급함. 「회화에 대하여 *Essai sur la peinture*」가 『문학 통신』에 게재됨.

1767   1월, 동생 디디에-피에르 디드로 신부가 교구참사원으로 임명되고, 디드로는 상트페테르부르크 예술원 회원으로 임명됨. 7월, 라리비에르의 책을 읽고 중농주의에 관심을 갖게 되고, 예카테리나 여제에게 그를 소개함. 9월, 『살롱 1767』 집필을 시작, 이듬해 11월에 완성함. 『도서 유통에 관한 편지』 집필.

1769   독일로 여행 간 그림을 대신하여 에피네 부인과 함께 『문학 통신』 발행. 9월, 『달랑베르의 꿈』 3부작(「달랑베르와 디드로의 대담 *Entretien entre d'Alembert et Diderot*」

『달랑베르의 꿈*Rêve d'Alembert*』「대담 속편*Suite de l'entretien*」)을 집필하고『살롱 1769』집필. 모Maux 부인과 연애 시작. 11월,『문학 통신』에 후일『배우에 관한 역설』의 모태가 될「개릭, 혹은 영국의 배우들*Garrick ou les acteurs anglais*」이란 서평을 씀.『물질과 운동에 대한 철학적 원칙*Les Principes philosophiques sur la matière et le mouvement*』집필.

1770   8~9월, 랑그르로 가서 딸의 결혼을 준비함. 사제인 동생과의 화해 시도 실패. 부르본과 랑그르를 여행함으로써「아버지와 자식들의 대담*Entretien d'un père avec ses enfants*」과 초기 낭만주의의 요소가 풍부한 콩트인「부르본의 두 친구*Deux amis de Bourbonne*」의 집필 계기를 얻음.『갈리아니 사제 변호*Apologie de l'abbé Galiani*』를 쓰고 11월, 모 부인과 잠정적 절교.

1771   3월,「아버지와 자식들의 대담」이『문학 통신』에 발표됨. 9월,『운명론자 자크』의 초고 완성. 오스트리아 빈에서 성공리에 막을 내렸던「사생아」가 파리에서는 실패함.『살롱 1771』집필.

1772   3월,「여성에 대하여」집필 기획. 9월, 딸을 시집보낸 뒤 10월, 남녀 관계의 메커니즘을 다룬「이것은 콩트가 아니다*Ceci n'est pas un conte*」「드라카를리에르 부인*Madame de la Carlière*」집필, 이것들과 함께 3부작을 이룰

『부갱빌 여행기 부록 혹은 A와 B의 대화*Supplément au Voyage de Bougainville ou dialogue entre A et B*』 초고 집필.

1773   6월, 네종에게 원고를 맡기고 러시아에 가기 위해 헤이그로 감. 두 달간 헤이그에 머물면서 『라모의 조카』와 『운명론자 자크』를 수정하고 「개릭, 혹은 영국의 배우들」을 『배우에 관한 역설』로 확대 수정. 『예카테리나 2세에 관한 회상록*Mémoires pour Catherine II*』 『홀란드 여행기*Voyage de Hollande*』 『엘베시우스의 인간론 반박*Réfutation de l'Homme d'Helvétius*』 등을 집필. 8월, 독일을 거쳐 러시아로 출발. 10월, 상트페테르부르크 도착.

1774   3월, 러시아를 떠나 4월, 헤이그 도착. 「원수 부인과의 대담*Entretiens avec la Maréchale*」 『나카즈−러시아 제도들에 관한 관찰*Observations sur le Nakaz*』 『생리학 요강*Éléments de physiologie*』 『군주들의 정치학*Politique des souverains*』 일부 집필.

1775   수학과 계산기에 몰두하는 한편 5월, 러시아를 위한 『대학 설계안*Plan d'une Université*』을 집필. 9월, 여덟번째 『살롱 1775』 집필.

1776   1월, 메트라가 『비밀 문학 통신*Correspondance littéraire secrète*』에 『군주들의 정치학』 요약 발표. 11월, 시골로 내려가 집필과 수정에 몰두.

1777   4월, 레이날 신부의 『두 인도의 역사』 공동 집필자로

참여하고 자신의 전집 간행 준비.

1778 『생리학 요강』 집필에 몰두하고 12월, 『세네카의 생애에 대한 에세이*Essai sur la vie de Sénèque*』 발간.

1779 예카테리나 2세로부터 2천 루블을 하사받아 딸을 위해 씀.

1780 7월 전, 『클로디우스와 네로의 통치론*Essai sur les règnes de Claude et de Néron*』 완성. 『부갱빌 여행기 부록』과 『수녀』 수정 증보.

1781 4월, 조각가 우동이 제작한 디드로 흉상이 랑그르 시청에 전시됨. 「그림 씨에게 보내는 레이날 사제 변호*Lettre apologétique de l'abbé Raynal à M. Grimm*」를 집필하고, 9월에 아홉번째 『살롱 1781』 집필. 「그는 선한가 악한가*Est-il bon, est-il méchant?*」 탈고.

1784 2월, 뇌일혈로 쓰러짐. 7월 31일 사망, 8월 1일 생로슈 교회에 안장됨.

이후 약속에 따라 그의 장서들과 육필본 32권은 모두 러시아 상트페테르부르크 왕실 도서관으로 보내졌다가 1965년 이후 연구자들에게 개방되었다.